品牌两极法则
——品牌建设极简路径

路长全　著

北　京

冶 金 工 业 出 版 社

2024

内 容 提 要

今天中国企业面临建设品牌的重要任务。但如何理解品牌的本质？品牌建设的最佳路径是什么？品牌的内涵和外延又是什么？

作者用一个个鲜活的案例，向读者阐述了不同行业、不同领域、不同类型的品牌运作智慧。作者提出的"品牌两极法则"既是源自市场实践的理论，也是构建品牌的原理与方法，更是有志于建立知名品牌的企业家、管理者、营销专家和创业者的必备技能。

图书在版编目（CIP）数据

品牌两极法则：品牌建设极简路径 / 路长全著. -- 北京：冶金工业出版社，2024.8（2024.9 重印）. --ISBN 978-7-5024-9907-5

Ⅰ. F713.3

中国国家版本馆 CIP 数据核字第 2024X5H533 号

品牌两极法则——品牌建设极简路径

出版发行	冶金工业出版社	电　话	（010）64027926
地　址	北京市东城区嵩祝院北巷 39 号	邮　编	100009
网　址	www.mip1953.com	电子信箱	service@mip1953.com

责任编辑　宋　丹　美术编辑　彭子赫　版式设计　郑小利
责任校对　石　静　责任印制　禹　蕊
北京捷迅佳彩印刷有限公司印刷
2024 年 8 月第 1 版，2024 年 9 月第 2 次印刷
710mm×1000mm　1/16；14.25 印张；163 千字；214 页
定价 98.00 元

投稿电话　（010）64027932　投稿信箱　tougao@cnmip.com.cn
营销中心电话　（010）64044283
冶金工业出版社天猫旗舰店　yjgycbs.tmall.com
（本书如有印装质量问题，本社营销中心负责退换）

前　言

大国博弈，一是科技，二是品牌。

企业竞争，一是有形的产品，二是无形的品牌。

二十多年前，我提出了"品牌是商海中的灯塔"的理念，在此基础上首创了"品牌两极法则"的品牌理论与实践体系，告诉企业家们品牌灯塔是否有足够的力量取决于争夺高度，构建角度！这也是成功品牌运作的不二法则。

时至今日，我们身处一个巨大的不确定的时代，经济发展进入新阶段，越来越多的企业家陷入迷茫和困境之中。在大量企业家学员的呼吁下，我有了重新出版《品牌两极法则》的想法，在原有内容基础上添加新的理论体系和新案例，内容更新了 60% 左右。我要告诉企业家们——"品牌是当今时代的关键竞争力"。

塑造品牌这件事，无论是对生产型企业，还是对科技型企业，都已经势在必行。未来，拥有品牌的企业，生；没有品牌的企业，难！

与《品牌两极法则》的历史版本相比，本书对"品牌"的理解上升到全新的高度，带领读者站在大自然的角度，用大自然的生态体系解读商业运营的底层逻辑，希望用通俗易懂的方式让每一位读者理解品牌是山峰，产品是水；消费者是星辰大海，流水经过的每一个江河湖泊，就相当于产品选择了不同的渠道……

如何构建自己企业的品牌灯塔？这就是品牌两极法则——要么"第一"，要么"唯一"。"第一"和"唯一"，既是一种战略，也是一种策略；既是企业成长的根基，也是企业汲取营养的源泉。它不仅仅是成功的需要，更是生存的需要。

书中厘清了中国企业家在塑造品牌方面的许多误解，给读者呈现了大量的品牌运作案例，供企业家们实战参考。

感谢北京赞伯营销管理咨询有限公司（简称赞伯公司）优秀的专家团队在这本书写作过程中的无私奉献：他们是中国营销战略专家李国伟，资深营销专家李兆良和郑显。最后还要感谢冶金工业出版社的朋友们。本书得益于他们卓有成效的工作，为尽快与读者见面赢得了宝贵的时间。

路长全

2024 年 7 月于北京

目　录

　　品牌山峰有了高度，产品之水就有了流动的动力。流水经过的每一个江河湖泊，就相当于产品选择了不同的渠道，类似于平台商、经销商、终端等。产品在渠道做短暂停留的过程就是二次蓄能的过程，然后产品之水再次上路，奔腾不息地流向大海，最终呈现在全国、全世界的消费者面前。

　　认知要清晰，选择要丰富。

　　品牌塑造要在消费者心智中形成清晰的价值认知，但还不够，还要给消费者丰富的产品选择。也就是说，品牌可以生产、销售、经营更多的相关产品，打造多个子品牌，以形成规模宏大的绵延不断的山脉。

第四章　品牌塑造美好世界

　　国家和品牌都是开创者的旷世杰作。品牌是企业家在商业世界构建的价值高峰。伟大品牌是商业世界里的"帝国"。

　　虽然说条条大路通罗马，但有人一出生就在罗马。人出身不同，但在塑造品牌这件事上，人人平等。纵观商业历史，伟大的品牌大都是由草根出身的企业家创立的。

从某一角度将产品的某一差异放大！放大！再放大！重复！重复！再重复！

当这个差异被放大到一定程度，就在消费者心智中产生了质变，形成了产品的"唯一性"！

第六章　高度的智慧——构建"第一"

智慧是一种境界，也是一种高度。高度就是最大的智慧。高度击穿各种小伎俩。

这个世界的一切都是分层级的。高低错落是这个世界独特的结构，而这个结构恰恰是构成世界稳定的基石，同时，也形成了推动世界运转的力量。

商业的本质就是"不公平"。如果"公平"，就不应该有利润，"不公平"形成驱动力。

品牌高度所产生的力量是令人震撼的。极致的高度带来资源的强力汇聚，用低成本激活产业链，有效屏蔽竞争者，令其处于被动困境。极致高度的品牌甚至有权"犯错误"！

第一章

构建企业竞争力两大路径：科技突破和品牌建设

科技领先和品牌建设是企业构建关键竞争力的两大利器。

前者如苹果手机、波音飞机、德国拜耳、杜邦材料、华为……它们之所以能在竞争中胜出，在于科技领先。

后者如可口可乐、麦当劳、依云矿泉水、东阿阿胶、同仁堂……它们的成功在于构建了强有力的品牌。

技术取胜通常需要雄厚的资金支撑和科研积累，而品牌建设却是多数企业更可行的选择。

01 科技实现物理世界的征服，而品牌实现心智世界的征服

品牌建设是在竞争中解决产品同质化问题的重要手段。品牌是产品价值的凸显，而非价格的让步。一个企业一旦建立了品牌，就相当于拥有了消费者心智的一部分。

要么科技，要么品牌。

企业的关键竞争力来源于两个方面：科技领先和品牌驱动！

苹果手机、波音飞机、英特尔芯片、微软操作系统、拜耳药品、杜邦材料、三菱汽车……它们之所以能在竞争中胜出，在于它们通过科技创新的手段构建了强大的竞争力。它们依靠科技领先在与同行竞争的商业世界里胜出。

在现代军事战争领域，不是哪一方人多，哪一方就能获胜，而是谁的技术强大，谁就有可能获胜。

1900 年，攻占北京城的八国联军只有区区 2 万人，而清军兵力达 10 万人以上。八国联军只用了短短 3 天就占领了当时的北京城，连慈禧和光绪都跑到西安避难，任由他们在北京烧杀抢掠。10 多万大军打不过 2 万人的原因是什么？

清朝末期火器射击训练记录表明：训练打靶时，每个士兵只有可怜的 10 颗子弹。因为只有很少的士兵打中，后来直接取消了训练。由此可见，清军在科技和军事方面投入少，武器装备数量不足。战争打响时，八国联军使用的都是步枪、手枪、机枪、战炮等具有较大杀伤力的武器，而八旗军还在使用以前习惯的砍刀、弓箭等冷兵器。

清军面对敌人大炮的轰炸，虽浴血奋战却无力扭转战局，任由西方列国进入中国为所欲为，以至于后来的欧洲人用这样的话描述当时的战争场景——"他们的武器和我们的玩具弹弓相当，打仗就跟玩闹一样"。

现代军事战争比拼的是科技。科技就是战斗力，科技就是征服力。

科技对企业同样重要。科技就是产品力，科技就是竞争力。但科技的创造和创新需要雄厚的资金实力、顶尖的人才队伍，以及长时间的积累，所以科技竞争往往是以大集团或者国家为主体展开的全球性竞争。对于大量中小型企业来讲，单纯依靠技术突破难度很大。在我们国家目前也只有华为等少数大型企业可以通过技术创新在全球获得一席之地。大多数企业还停留在模仿型创新的发展阶段。这就导致了企业生产的大量产品同质化，从而陷入价格竞争漩涡。

企业在产品同质化的情况下，如何在竞争中脱颖而出？这就是品牌建设的基本任务。

企业可以通过不同的角度塑造产品的不同价值认知，将本质上相同的产品卖出不同！

比如，水的分子式都是 H_2O。企业说水要过滤一下，就成就了"娃哈哈"；怎么过滤呢？过滤 27 层，就成了"乐百氏"；水要烧开喝，就成了"凉白开"；水要蒸馏后喝，就成了"屈臣氏"；水要加点矿物质，就成了"康师傅矿物质水"；"我们从来不生产水，只是大自然的搬运工"，就成了"农夫山泉"……

你看，水都一样，通过品牌塑造就卖出不同价值。

通过"品牌"征服消费者的心智世界，影响用户的认知和决策。

在全世界一直都卖得非常好的饮品是谁？可口可乐。

可口可乐公司历经百年，业务遍及 200 多个国家和地区，每秒钟卖出 19400 瓶可乐家族的产品，每天全世界有 17 亿人次在畅饮可口可乐。让可口可乐的 Logo 在全球的辨识度仅次于"OK"。可口可乐在全世界赚得盆满钵满，年营业额高达 458 亿美元，被消费者称为"液态印钞公司"。可口可乐的成功归功于品牌塑造。

麦当劳、肯德基、必胜客作为全球知名的餐饮公司，在制作汉堡、比萨、薯条等快餐时没有用太多的高科技，但麦当劳的全球门店数量高达 3.6 万家，肯德基的全球门店数量超过 2.3 万，必胜客的全球门店数量达到 1.9 万家。每一个企业的收入都可以用日进斗金来形容。

雅诗兰黛、香奈儿、兰蔻、圣罗兰……它们的产品在设计、生产的时候科技含量也不高，但它们的一款包或一件衣服的价格高达万元乃至几十万元。消费者宁愿吃泡面都要攒钱买它们。它们靠品牌塑造将产品打造成高端奢侈品，用产品上所附加的符号代表一个人的身份、地位。

你认为不可思议也好，滑稽也罢，它们靠品牌运作赚得钵满盘满是事实。

百威啤酒、拉菲红酒的生产过程主要靠发酵工艺，百威的年销售额高达 100 多亿美元。一瓶经典年份的拉菲红酒售价高达十几万元。

双立人和菲仕乐的锅，靠的是一款模具完成生产的任务，但它们都卖得很好，畅销世界，得到大众认可。

这些企业的成功，不是因为掌握了世界顶尖科技，而是因为用一款产品征服了消费者的心智，塑造出了令人难以忘记的品牌形象，让自己在众多的品牌中脱颖而出，在消费者的心中胜出。

技术突破是难度，品牌突围是任务！

如果不做品牌，仅埋头生产产品，在这个产品过剩、市场内卷的时代，是难以持续获胜的。

中国某家纺企业，是全世界最大的家纺企业之一，生产的优质产品出口到日本、美国、欧洲等国家和地区。在西方一些国家无理打压中国产业链，提出所谓"脱钩断链"的大背景下，这家企业被进口商提出的"不得用新疆棉"的无理要求打压，西方企业通过对棉花的基因检测追溯到棉花的产地，一旦检测到中国企业生产产品使用了新疆棉则拒绝进口中国企业产品，但西方的棉花集体涨价 15% 左右，在这种情况下，如果中国企业被迫使用西方产的棉花，将导致企业从原来微薄的利润转变为亏损，无法正常盈利经营。

你会说：企业可以用中国的新疆棉生产，然后在中国市场销售啊。

问题恰恰在这儿，大量中国企业这么多年没有建立品牌，只满足于原先简单的加工和出口经营模式，在今天品牌为王的时代，一个质量再好但不是品牌的产品，在激烈的市场上无法高价售出。

在西方与中国脱钩的大背景下，中国不少加工出口型企业遭遇了经营的寒冬，工厂订单减少，一些工厂的营收几乎腰斩，企业为了求得生存只能裁员，有些曾经多达几千人的工厂员工已经减少到只有百人，苦苦支撑。

与上述企业情况相反的是，另一些中国企业由于重视品牌建设，实现了企业可持续发展。如鲁花花生油、公牛电器、三元乳业、史丹利复合肥、东阿阿胶……还有不少区域产业品牌，比如世界五金之都——永康，淮安西游乐园，等等。

能靠技术取胜当然很好。这需要企业具备雄厚的资金支持、大批高水平的科研人员、正确的研发战略和较高的抗风险能力，但不是所有企业都具备这些条件。

除了技术突围这条路，企业还有品牌破局这条路径，不管是中国市场还是全球市场，市场竞争早已从产品竞争阶段进入品牌竞争阶段。**现实倒逼企业认清"品牌"的重要性，品牌已经不再是可有可无的营销策略，而是企业长久发展必须要做的事！**

02   要么杂牌，要么品牌

> 不是品牌，就是杂牌。没有消费者会为杂牌多付一分钱。这类企业在采购商的心中是"小作坊"，其产品在消费者的心智中往往是"山寨"或"将就"的代名词！品牌，在消费者心智中意味着价值、与众不同和可信赖！

如果一个人在别人心目中不是"人才"，那是什么？

是"人力"。企业只会为人才支付高薪，而不会为普通的人力支付高薪。

如果一款产品在消费者的心目中不是品牌，那能叫什么？杂牌！这个世界上没有人愿意为杂牌多支付一分钱。

如果一款产品在消费者的心目中没有获得清晰的价值认知，在市场销售中就没有溢价的能力，企业就只能赚取加工费。**只赚取加工费的企业必然会卷入恶性无底线的价格竞争漩涡之中，企业最终赚取的也只是社会平均工资。**一家加工型企业主抱怨道："我们一年加工的产品销售总额高达 5 亿元，虽然产品很优质，采购方却对我们的价格一压再压，我们工厂 500 多员工，一年辛苦下来利润只有 200 万元左右。"这位企业家的收入和高级职业经理的收入没有什么区别。

为什么会这样呢？

罪魁祸首是同质化，是你的产品在消费者心智中同质化。消费者在采购时比的就是价格：你的一个产品卖 1000 元，竞争对手报价 900 元。你怎么办？你一咬牙狠下心来降价成 800 元，对手又报价 700 元……一路竞争下来，你为了能盈利，就想办法降低生产成本，进行流程改造或者采用更低成本的原材料，甚至减少员工工资……当你大费周章终于把成本略微下降后，你又发现，同行也降价了，采购商再一次压价，令你苦不堪言。

在采购商处于优势的供大于求的竞争环境中，无论你的企业规模有多大，只要他们给的价格能让你吃饱饭、能活下来就行。所以生产者无论怎么节约成本，结果都是只有微薄的利润，最终陷入无穷无尽的降价、压低成本、再降价、再压低成本的恶性循环中。

更严重的情况是当经济环境变差，市场需求量进一步减少，一部分实力相对薄弱的加工厂会倒闭，即使竞争力强一些的企业，年营业额 2 亿~3 亿元，但也只有 1%~5% 的微薄净利润。这就是单纯加工型企业只能赚取社会平均工资的原因。

相反，如果你有做品牌的胆略，即便行业竞争处于混乱的状态，你也可以脱颖而出，也能赚到钱。**因为品牌在客户认知中意味着某种价值，哪怕这种价值是"最低限度的体面"，都可以在市场上获得消费者的认可。**

比如优衣库。优衣库品牌专卖店的衣服和普通服装店的衣服的价格没有太大的差别，夏季热销的 T 恤几十元一件，即使白领人群的衬衫也只是百元左右的价格。但优衣库的服装却卖成了全球知名的品牌，2012 年以来，在全球范围内开设的门店数量激增，开拓了中国市场并快速崛起。优衣库不只是开店多、开店快，还能做到每开一家盈利一家，发展为当时亚洲乃至全球最大的服装零售巨头。

优衣库的成功源自哪里？

2008 年全球金融危机，日本也面临着经济泡沫破灭、大众消费力严重下滑的情况。优衣库在这样的形势下抓住消费者买衣服的真实需求：不再关注是不是大名牌，也不讲究衣服的装饰性功能，更在乎衣服的舒适性与保暖性；价格低廉，但不希望衣服的品质差、风格落后。

抓住消费者这一需求的优衣库生产的服装定位清晰：女士服装对外展示女性的柔美气质，男性服装展示男性优雅风格；老人服装展示老人的稳重风格，儿童服装则展示孩子们的活力特质。

优衣库的服装针对每个人群既能充分展示消费者的个性，又能满足人们的共性需求，即"大方""简约"。布料虽然不是最好的，穿起来却很舒服，价格又便宜，让每一个优衣库的消费者都可以买到最低限度的体面，所以才能受到广大消费者的追捧和热爱。

ZARA 是西班牙的服装品牌。对于年轻的女性消费者而言，ZARA 是众多国际服装品牌中的优选，原因在于其价格低廉、款式时尚且丰富，是国际大牌的平替品牌。

传统服装企业上新款的速度是 6~9 个月，国际大品牌为 3~6 个月，虽然款式时尚，但价格通常都很贵。而 ZARA 的上新速度只需两周，意味着顾客每次到 ZARA 的门店都会有新的发现和购物惊喜。

ZARA 的上新速度和它庞大的设计师团队有关。公司内部有 400 多名设计师，每天都在参加各大时装发布会，从中获取灵感，快速设计新款，同时欢迎世界各大高校服装设计师专业的学生有偿投稿，为品牌注入源源不断的新能量，所以 ZARA 往往能第一时间捕捉到潮流趋势，设计出和国际大品牌一样有时尚感的服饰。

ZARA 用做快消品的方法快速上新，有意忽视产品的精致度。因为 ZARA 定义的产品是"快消品"，而不是"耐用品"，不是一件衣服穿很多年，而是每月甚至每天都穿不同的衣服。ZARA 卖的是"百变"，所以 ZARA 每一件衣服的价格通常都很便宜，固定在一二百元的价位。女性消费者只要进入 ZARA 的门店，就会被几百款时尚服饰吸引，再加上自选模式，她们往往会在门店停留 1~2 个小时，通过长时间的试穿，一次购买若干件衣服。ZARA 的年营业额可以达到 300 多亿欧元。

从优衣库和 ZARA 的成功可以看出，无论一个品牌是什么调性，服务什么阶层的消费者，**只要它是品牌，它对消费者而言就不是"山寨"、不是"假货"，它就可以满足消费者想要的"最低限度的体面"**，消费者就愿意支付相对高的价格购买，企业就不用和竞争对手打价格战。

这就是品牌的意义。

03　品牌是最大的流量

> 流量是时代的产物，但不是时代的王者。品牌是
> 真正意义上的流量，而且是最大的流量。

进入互联网时代，品牌还重要吗？

媒体上充斥各种各样似是而非的说法："只要有流量就能卖出货，所以不需要品牌。"但我们来看看真实的情况是什么样的？

无论是京东的"6·18"大促，还是天猫的"双11"打折日，热卖的产品几乎都是品牌产品！

在电商节日，普通产品无论如何降价促销或者打折买送，无论一些大平台方会放多少现金消费券或者补贴，消费者购买最多的还是脑海中已有印象的品牌产品：选家电的时候信任海尔、格力、美的等行业头部品牌；选择护肤品的时候，还是从兰蔻、雅诗兰黛、资生堂等国际品牌中做选择；购买食用油的时候，还是选择鲁花、福临门……众多小企业虽然参与各种促销节日，也做了很大的促销让利，但结果往往是赔本赚吆喝，或者只是赚取微薄利润。所以很多小商家自嘲道："我们重在参与。"

有些企业负责人可能会说，"虽然我不是品牌，但我们的产品在直播间的人气高、销量高，所以我们不需要品牌。"但你没有明白的是，

直播间的头部主播本身就是"品牌"。消费者产生的购买动机，不是因为信任你的产品，而是信任主播。

品牌本身就有多面孔。品牌还可以是大众品牌、行业品牌、服务品牌、制造业品牌、工业品品牌，快消品品牌、组织品牌、公益品牌、军队品牌、运动品牌，等等。

网红主播也是品牌，叫个人品牌，也叫个人 IP！每个个人 IP 都代表某一类人群的向往或追求，很多人喜欢或者追随。比如某人代表无私奉献的精神，某人代表草根逆袭，某人代表"国民女婿"，某些网红主播代表丰富的产品、超低的价格或者有趣的灵魂。当某个个体具有"品牌力"的时候，他们的一场直播可以聚集几千万粉丝，创造上亿元的销售业绩。

在"100 个人做抖音直播，99 个人没赚到钱"的消息中，无法赚到钱的人通常指没有名气、没有获得消费者的认可、没有"品牌"的小主播。

所以互联网时代，商业的尽头是流量，但流量的尽头还是品牌。

互联网人口中所谓的"搞流量"或者"引流"，本质上就是将产品信息与消费者购买欲望相连接的方式。

引流的方式通常就是发布某种信息打动消费者。这些信息可能是打折的信息、产品的独特卖点，也可能是老板创业的故事或者某种情绪价值等，还可能是不经意间脱口而出的英文、诗句或某本书里的经典语句，以正向的情绪价值让粉丝觉得在购物的同时还升华了文学素养。当然，这些信息还可能是老国货的活力重现，是让人感动的在车间直播的 50 岁大叔，也可能是为了给孙女交学费的在果园直播卖苹果的 70 岁朴实阿姨。

无论是个人品牌，还是产品品牌，其本身能成为品牌的原因，就在于它能把自己与对手区分开，给消费者创造独特的价值感受，从而转化成其对产品的信任和购买。

品牌有多面性，也有圈层性。按照营业额和目标群体的数量，可以被分为"大品牌""小品牌""小众品牌"。品牌的大小不同，面对的消费者层级不同，代表消费者对品牌的信任度也不同。销量最好的，无论是在线上渠道，还是线下渠道，往往都是大家口中的"大品牌"。

04　为什么一些企业陷入困境

把产品塑造成品牌，就是赋予产品"高配感"，
让产品形象出众、价值凸显、情绪饱满。

企业的经营环境发生重大变化，有人分析是疫情的原因，也有人分析是国际大环境使然，还有人分析是经济的发展规律在作怪。众说纷纭，莫衷一是。

但从营销的角度看：很多加工企业陷入困境主要原因在于其缺少自主品牌，缺乏竞争力，从而丢掉市场！问题是：为什么很多企业经营了十多年甚至几十年，前期赚了很多钱却不做品牌呢？

中国的大多数企业家对品牌的运作有很多误解。

有些企业家说："我已经很忙了，经营企业又那么辛苦，哪有时间和精力做品牌。"

还有部分企业家说："塑造品牌需要很多时间、很多钱，不是小企业想做就能做到的。"

很多企业在种种困扰下选择 OEM（原设备制造）、ODM（原设计制造），成为西方品牌企业低廉的代工厂。无论成本有多低，效率有多高，本质上还是单纯的加工厂，处于商业世界的最底端。

当阿迪达斯、耐克、飞利浦、微软、苹果等国外知名品牌把代工

厂转移到劳动力更低廉的东南亚后，不少中国代工企业面临订单减少、业绩下滑的状况。

在汽车领域，德国品牌有奔驰、宝马、奥迪、保时捷、宾利、大众等；在家电领域，有 AEG、博世、西门子、沃尔夫等；在护肤品方面，有妮维雅、施华蔻、歌剧魅影等；在食品零食方面，有德芙、麦德龙、哈瑞宝；在制药领域，有拜耳、默克等在全球市场处于领先地位的品牌。据相关数据统计，在 2764 家全球中型领先企业中，德国就占到47％，为德国的经济发展贡献了强大的力量。

反观中国的众多加工企业，错误的认知阻碍着中国企业的发展和品牌的进军之路。

当你读到这本书的时候，你需要跟我一起来破解关于塑造品牌的误解，一起开启你的品牌之路，否则你的加工企业将会陷入恶性价格战之中，企业很难成长为参天大树。

做品牌就要赋予产品"高配感"。

我在给清华、北大等一些知名大学 MBA 班的企业家们讲授品牌营销课程时，常有学生说："我也知道做品牌是好事，我也想做出大品牌，但我不知道该怎么做，而且做品牌，听起来就是一件难事。"

事实上，**塑造品牌就像培养孩子一样，需要赋予其生命的"高配感"。**

什么样的方法能培养出优秀的孩子？

赋予孩子生命"高配感"！

很多家庭之所以在孩子身上投入大量的人力、财力、精力，却没有把孩子培养成人才，不是因为孩子笨，也不是因为家长不用心，而是因为家长对孩子的生命赋予了"低配感"。中国家长们往往脱口而出："你怎么这么笨""早就和你说过几百遍了，你怎么还学不会""整天就只知道打球、画画，对学习一点都不上心，学这些没有一点用，大学毕业还是找不到工作……"。这些负面的否定式语言在不知不觉中摧残孩子的自信心。久而久之，孩子变得木讷、不自信，缺少创新力与活力，认为自己天生就不聪明，甚至认为自己很差，配不上更好的生活、更好的工作或者更好的配偶。

我们来看如下两种场景，哪一种是给孩子的生命赋予"高配感"，哪一种是"低配感"。

一个7岁的小姑娘陪着妈妈到超市里买东西，顺手往筐里放了一瓶价格5元的饮料。妈妈在结账的时候发现了这个饮料，当着众多的人大声呵斥孩子："你怎么这样不懂事呢？这是我们配喝的饮料吗？你知道你爸爸的一顿中午饭多少钱吗？真是败家货。"妈妈当着众人的面把这瓶饮料扔出去。那个小女孩眼泪汪汪地站在边上，觉得自己像犯了多大罪一样。

上述这位妈妈的做法就是给孩子心灵上输入"低配感"，让孩子觉得自己生命很低微，不值得拥有好一点的东西。

我们再来看看另外一种场景，高铁车厢里一对母女的对话。

一个小姑娘仰着头困惑地问妈妈："妈妈，既然坐二等座就可以到北京，为什么你要多花200元买一等座呢？"妈妈微笑道："因为我的女儿很优秀，我想让你坐得更舒适啊。"女儿接着说道："那你为什么不给我买商务座啊？"妈妈仍然笑着说："我的女儿当然也可以坐商务座，只是以妈妈目前的能力买商务座有点奢侈。"妈妈接着说："我的女儿很优秀。你上进、善良、聪慧、美丽，值得拥有这世界上任何美好的东西，包括这高铁的商务座。你值得穿世界上最漂亮的衣服，值得就读世界上最好的学校。你只需为此努力而已。"听着妈妈的话，小姑娘脸上流露出幸福自信的神情。

这位妈妈的做法就是赋予孩子生命的"高配感"，让孩子觉得自己的生命高级而尊贵。

把产品塑造成品牌，就是赋予产品"高配感"，让产品形象出众、价值凸显、情绪饱满。

你的竞争对手只是你的同行。

在塑造品牌这件事情上，很多企业家充满畏惧，一想到这世界上有那么多大品牌和大企业就心生怯意。其实你的对手不是乔布斯，不是马斯克，也不是任正非或者马云，你的对手就是你的同行。

你的同行里有几个企业经营的高手？通常你只会遇到同级别的竞争对手。**当你和对手的能力、资源都处于同一水平，谁敢尝试谁就有成功的机会。一旦塑造出品牌，企业就有征服市场的可能。**

你还需要坚信的是，所有的大品牌都是从一个基本信念开始，都是从不知名开始。万丈高楼平地起，只要你能踏出第一步，就会有第二步、第三步……直至盖起一幢万众瞩目的大厦。

中医至尊品牌的背后智慧

——滋补国宝，东阿阿胶

一块阿胶成就"医药界的茅台"。博大精深的中医如何与现代人的生活方式对接？当赞伯公司营销团队将东阿阿胶定位为"滋补国宝，东阿阿胶"的时候，就构建了这个品牌的至尊高度。

我与东阿阿胶的结缘，源于我在上海交大的一堂 MBA 企业班授课。课间休息的时候，一位非常儒雅的企业家学员和我交流，自我介绍是东阿阿胶的总经理，他和我说："路老师，你的课让我们很受启发，希望东阿阿胶能得到您的帮助和指导。"

大约一个多月后，东阿阿胶的领导带着他的团队来到北京。他们向我陈述东阿阿胶的历史、现状以及对未来的展望。那时候我就意识到他们是在和我探讨整个中国中医药产业发展战略的底层逻辑。

中医经过几千年的发展，一直用其独特的理论体系和救治方法帮助中华民族战胜各种疾病、灾难与伤害，守护着中华民族生生不息。

在中医发展的历史长河中，闪烁着很多伟大先行者名字，如张仲景、孙思邈、李时珍、华佗等，他们奠定了中医的发展理论体系和治疗体系，形成了独属于中华民族的伟大中医理论，同时塑造着中华民族独特的气质。

但任何一个产业的发展都需要与时俱进，**博大精深的中医如何与现代人的生活方式对接？这既是一个发展的问题，也是一个传承的问题，更是一个有关创新的问题！**

具有悠久历史的阿胶，在中华传统医药文化中独树一帜，是中医产业中一颗璀璨的明珠。如何让它闪出更璀璨的光芒？如何让现在的人们更广泛地接受它？

我和东阿阿胶的高层领导班子交流了三个主要问题：

第一个问题是，东阿阿胶未来的产业发展战略到底是什么？

第二个问题是，怎么塑造和提升东阿阿胶的品牌，才能让广大的消费者欣赏并发自内心地接受和热爱它？

第三个问题是，东阿阿胶的产品如何创新才能适应新一代人群的需求？

一、东阿阿胶的产业战略升级

我们经常讲战略决定未来，但驴皮是有限的，阿胶是有限的。如何用有限的阿胶创造无限的市场？用有限的阿胶服务更多的消费者？

经过研究我们发现，中国的中药有三条发展路径。

第一条路径是发展保健品。

西医进入中国后，很多人喜欢西医的"快"。中医怎么办呢？

实际上，中医和西医各有千秋。西医有其"快"的特点，比如吃一片退烧药就能很快退烧，吃一片止疼药就能很快止住疼痛。西医有它的优势，可西医往往是"头痛医头，脚痛医脚"，只解决眼前的痛苦，不能从根本解决掉隐患，"治标不治本"。

中医强调阴阳平衡，药材大都来自大自然的馈赠。用一株草、一朵花制成配方，采用自然调理的方法让身体恢复到健康状态，而非采用化学合成药物。所以很多可以治病的中草药，也可以制作成保健品，比如灵芝孢子粉、人参枸杞养生茶、蜂胶黄芪软胶囊等产品。

第二条路径是发展功能食品。

因为药食同源的道理，很多中草药都可以制作成具有某些功能的食品饮料，如王老吉凉茶可以去火、山楂饮料助消化、甘草饮料可以清热解毒、猴头菇的饼干可以养胃。功能食品的市场规模很大，王老吉凉茶的年销售额过百亿元，我们服务的"山楂树下"做的山楂饮料，年营收也达数十亿元。

第三条路径是发展日化产品。

云南白药的牙膏、霸王的中草药洗发水、百雀羚的草本护肤品、自然堂的草本化妆品……，都含有中草药的成分。

如果中国中药的产业战略发展路径是这三个，东阿阿胶的发展，也应该从这三个方面出发。

明朝何良俊在《清森阁集·思生》中是这样说的："万病皆由气血生，将相不和非敌攻；一盏阿胶常左右，扶元固本享太平。"

东阿阿胶的核心功能就是"气血双补"。在此基础上，我们制定出东阿阿胶"1+X"的产品发展战略，就是以阿胶为主，加上草本成分变成保健品，加上食品成分变成功能食品。东阿阿胶**以气血双补为根，形成"1+X"多产品发展模式。**

东阿阿胶未来的战略主线就是"用有限的阿胶，创造无限的市场"。

推动东阿阿胶的产业战略大升级，**从小健康向大健康产业升级**，以健康功能价值为核心，挺进药品、保健品、功能食品三大产业板块。

这样从一块阿胶出发，制定可以实现百亿元乃至千亿元的产业发展战略，给企业的未来发展规划一个清晰的方向和路径。

二、东阿阿胶的品牌升级

当产业战略的目标和路径规划清晰的时候，品牌应该怎么塑造？怎么样才能让外界感受到东阿阿胶的价值，实现消费者对东阿阿胶品牌的认识、认可、认购？

东阿阿胶的产品原本是这样宣传的："滋补三宝，人参、鹿茸与阿胶。"

这样的宣传没有错，毕竟人参、鹿茸、阿胶都具备高价值的特点，但消费者会问：既然阿胶排在第三位，我们为什么不直接吃人参和鹿茸，要吃阿胶？这种品牌传播让东阿阿胶在竞争中比较尴尬。我们对东阿阿胶的品牌形象进行诊断，发现了三个问题：

第一个，有整理，未提炼。

东阿阿胶虽然整理了相关的历史典故，并以软文、海报等形式向消费者传播，但始终没有给消费者一个单纯清晰的价值认知。消费者对东阿阿胶的品牌印象趋向于模糊。

第二个，偏功效，欠包容。

消费者对东阿阿胶最直接的联想即"补血"，原因是复方阿胶浆单一产品宣传所致。这严重制约了东阿阿胶的品牌延展和产品延展，导致未来的增长空间受限。

第三个，有历史，无高度。

东阿阿胶原本宣传的"本经上品纯滋补，一传至今两千年"，交代了历史，交代了功效，但没有把东阿阿胶的独特历史价值表达出来，仍然难以激发消费者的购买兴趣。

我们进一步对东阿阿胶的历史渊源和历史成就进行了梳理，结果令我大为惊叹：

东阿阿胶是中国中药历史上少有的流传千年而不衰的中药瑰宝，是神农氏、张仲景、孙思邈、李时珍等中医鼻祖共同鉴证的千古绝唱。

1915年，东阿阿胶代表中国获得巴拿马万国博览会金奖；1980年、1985年、1990年三次获得国家金质奖章，是现代中药里的骄子。

东阿阿胶制作工艺乃国家级保密配方，其制作工艺仍是代代相传。

补血、养颜两大功能皆因东阿阿胶气血双补之功效。东阿阿胶的滋补蕴藏了食品、保健品、药品三大板块的健康功能价值。

通过梳理，我们提炼出东阿阿胶不可替代的历史价值和品牌价值。如何用一句话表达出东阿阿胶品牌价值与品牌地位呢？

最终，我们创造出今天大家耳熟能详的东阿阿胶品牌广告语——滋补国宝，东阿阿胶（见图1-1）。

图 1-1　东阿阿胶广告图

当我们宣传"国宝"的时候，不仅确立了东阿阿胶在中医药里面至尊的高度，更确立了东阿阿胶的品牌高度，让对手望尘莫及。难道还有什么比"国宝"的地位、价值更高吗？

三、品牌故事：千年传颂的功效奇迹

品牌价值高度确立后，最好的传播方式就是讲故事。因为品牌若是空洞的，就没有价值。历史故事往往可以给品牌最好的支撑，可以打动人心。所以我们在翻阅了大量的历史典故后，在浩瀚的中华医学文化中总结出"三大奇迹"：生命奇迹、医学奇迹和美丽奇迹。这三大奇迹需要三组历史代言人来讲他们和东阿阿胶之间的故事。

第一组：男士代言人，千年传颂的"生命奇迹"（见图 1-2）。

他们是曹植、李世民、乾隆。

一代才子曹植以阿胶养生，发出"授我仙药，神皇所造"之感叹；

唐太宗李世民戎马生涯之时服用阿胶护体，开创泱泱大唐盛世；

乾隆一盏阿胶常伴左右，续演康乾盛世，成为历史上最长寿的皇帝！

图 1-2　男士代言传颂"生命奇迹"

第二组：专家代言人，千年传颂的"医学奇迹"（见图 1-3）。

他们是：陶弘景、孙思邈、李时珍。

一盏阿胶，穿越灿烂中医文明；一盏阿胶，铭记千年中药圣典；一盏阿胶，心印东方养生哲学精髓；一盏阿胶，亘古未变济世情怀！

图 1-3　专家代言传颂"医学奇迹"

第三组：女士代言人，千年传颂的"美丽奇迹"（见图 1-4）。

她们是：武则天、杨贵妃、虢国夫人。

武则天以阿胶养颜，谱写风华绝代女皇传奇；杨贵妃"暗服阿胶不肯道，却说生来为君容"，演绎千年宫廷风流佳话；虢国夫人"东莱阿胶日三盏，蓄足冶媚误君王"，千年之美，千古风流，千年赞叹！

图1-4　女士代言人传颂"美丽奇迹"

四、东阿阿胶的产品线升级

明确了战略，确立了品牌高度，找到了品牌故事，进行产品创新和新时代的消费者对接，就摆到了面前。具体怎么创新？

在阿胶的基础上加上草本成分，就可以做出一系列的保健品，如复方阿胶浆、固元膏、阿胶养颜软胶囊、阿胶西洋参软胶囊等。

在阿胶的基础上加上食品，就可以做出一系列的功能食品，如红枣加阿胶，就是阿胶枣；阿胶加上芝麻、核桃、莲子、枸杞等食材，就是"桃花姬"阿胶糕（见图1-5）。

图1-5　"桃花姬"阿胶糕

目前东阿阿胶已有粉状、液体状、膏状、块状等不同形态的 40
余种产品满足消费者的多种需求。

产品线的丰富，让东阿阿胶从品牌的山峰，拓展为多产品连绵起
伏的山脉；从单一的治疗功能走向大健康复合功能；从单一的渠道走
向复合渠道；在原有的药店渠道基础上向商超、滋补产品渠道以及虫
草类连锁店渠道拓展，从线下渠道走向线上渠道，为消费者全方面提
供"滋补国宝"。

五、东阿阿胶打造全产业链

东阿阿胶的产业战略、品牌塑造、故事传播、产品线升级让它在
整个中医药产业中拥有更高的地位，成为行业中的一面旗帜。在此
基础上，东阿阿胶为了适应市场需求，又进一步完善了它的整体产
业链。

上游坚持把"毛驴当药材养"，在全国建立 20 个毛驴药材标准养
殖示范基地，从驴的育种、养殖开始，构建起覆盖饲料、深加工的全
产业链集群，除开发阿胶的滋补产品外，还开发了其他美容产品和驴
肉美食产品。

在坚持"顾客变游客，游客变顾客"的经营理念基础上，东阿阿
胶还推出中医药健康体验、养生旅游、工业观光旅游等现代业务，构
建起了黑毛驴主题乐园、阿胶生物科技产业园、中国阿胶博物馆、毛
驴博物馆、阿胶世界工厂体验区等完整的产业链基地。它打造的东阿
阿胶黑驴王子驴肉火锅，在 2018 年被评为"中国十佳养生火锅"，所
以东阿阿胶在未来会进入一个更高的发展境界。

第二章

品牌是商海中的灯塔

　　品牌是商品海洋中的灯塔，是消费者在茫茫商品海洋中购买产品的指路明灯！

　　品牌塑造了产品被购买的理由，定义了产品与众不同的价值。

　　品牌能否建设成功，就在于我们能否搭建这座灯塔。

05   品牌是消费者的指路明灯

品牌"定义"了产品品质，赋予了产品额外的价值，成为消费者购买的理由。品牌甚至改变了大众对产品的认知，成为消费者购物的指路明灯。

这个世界上如果没有品牌，将会怎么样？

当你走在北京王府井大街、日本东京繁华的街道、美国第五大道时，所有的建筑上都没有店招也没有任何广告牌，你该如何购物？

假设你想在北京买一件衣服，你只能穿梭在一幢幢相似的建筑里，看有没有销售衣服的门店。如果你没有找到，就需要再换一条街，再继续毫无头绪地搜寻。有可能你用了一两天时间乃至五六天时间才找到一家销售衣服的门店，甚至还有可能找不到。

虽然你终于找到了销售衣服的门店，但你就一定能买到喜欢的衣服吗？可能你会发现想要的衣服款式、风格、材质在这家门店的衣服都达不到要求，所以你还得继续寻找、对比。你消耗了大量的精力和时间后，才有可能选到喜欢的衣服。

如果这个世界上没有品牌，所有建筑上没有产品相关标识，对于购买产品的人而言是多么痛苦的事。消费者的购买过程变得茫然而复杂，就像是在黑暗中行驶的船，没有任何灯光的指引，内心充满焦虑和恐惧，害怕迷失方向，出现了"因为不知道买什么，空手而归"的结果。

聪明的企业家们塑造了一个又一个品牌。当你买衣服的时候，会有不同类型、不同价位的衣服品牌供你挑选，给你指明购物的方向，就像在大海上航行的船只在黑暗中惊喜地发现耸立在远方的灯塔，找到了方向。

当你上班需要穿正装时，就可以到 BOSS、YSL、香奈儿等品牌的门店买到心仪的服饰；当你下班想穿运动服的时候，就可以到李宁、阿迪达斯、耐克等品牌的门店随意挑选；当你逛街想穿条舒适的牛仔裤时，就可以到李维斯、杰克琼斯、马克华菲的门店满足需求。

当你想买汽车的时候，就可以对老婆说："咱们去宝马的 4S 店，买一辆宝马 MINI 吧。"如果你老婆不喜欢宝马，还有奔驰、大众、丰田、比亚迪等各种不同卖点的汽车品牌供你们选择。

当你想买一台电脑或一部手机的时候，就可以到华为、苹果、小米等品牌的门店挑选。无论你想要高档价位的产品，还是中档价位的产品，抑或是平价产品，不同的品牌都可以满足不同的需求。

当你想买一台冰箱的时候，就可以在海尔、海信、美的、三星等众多品牌中挑选。若是在网上已经做好了购买攻略，你还可以直接从网上下单某一个品牌的产品，简单又省事。

一旦认可某一品牌，即使你只想买一盒香皂或是一包纸巾，都可以直接冲进大型超市对售货员说："我需要一盒舒肤佳香皂和一包维达的纸巾。"购买过程简单又轻松。

你买饮料的时候，就可以进入 7-Eleven 超市或物美超市向售货员直接表达需求："我想要一瓶可口可乐。"

当你在家做饭的时候发现没有油了，你给下班回来的老公发消息："你回来的时候顺道在沃尔玛买一桶鲁花的花生油。"

有了品牌认知，消费者的选择就有了依据；有了品牌认知，消费者的购买行为就变得既轻松又愉快。

不容忽视的是，每一个品牌之所以能历经时间的考验，在强大的竞争中胜出，并在消费者的心智中占有一席之地，是因为商家在塑造品牌的过程中，不仅用了大量的人力、物力进行产品的设计、研发，还用大量的传播费用保证品牌拥有好口碑和更高的知名度。

当商家用尽心思，塑造出一个拥有超高口碑的知名品牌后，往往会更重视产品的质量与服务，唯恐行差踏错一步影响企业未来的发展，消费者在购物时也会更加信任品牌的内在价值。

品牌是茫茫商品海洋中一座又一座的灯塔，不仅指导着大众的消费方向，更代表产品的品质已经过时间的验证，值得消费者信赖。

06　品牌定义了产品价值

> 产品没有完成对自身价值的定义，就如一个人没有灵魂一样，空洞而乏味。

品牌是对产品价值的定义。

有人可能会问："产品价值还需要定义吗？"

很多企业家都会觉得很困惑："我经营了那么多年的企业，还不知道产品价值是什么吗？""我生产了那么多的产品，难道还不了解自己的产品？""我生产的每一件产品都像我的孩子一样。我怎么不知道我的产品？"

如果你的产品还停留在单纯的功能层面，如果你的产品还在价格的漩涡中沉浮，如果你的产品还不具备情感价值，如果你的产品还不是大众主动选择的目标，那我几乎可以判断你的产品还没有完成定义，你还在就产品卖产品，就成本卖成本，你的产品在市场上竞争力一定很弱。

绝大多数企业都认可"产品为王"的观点，认为只要产品质量好、产品款式多就一定能获得消费者的认可。在经济短缺时代或者市场竞争不激烈的时代，这种理念是有道理的。但当市场激烈竞争，也就是供远大于求的时候，仅仅停留在产品本身品质的竞争上是不够的。不仅产品好，还得让消费者认为你好。

"产品好""被认为好"是两码事。就如一位男士认为自己优秀，与别人认为他优秀是两码事一样。你得通过有效的沟通才能实现外界对你的认可。同样的道理，你要通过对产品价值的定义，才能实现产品"被认为好"。

消费者只有在"认为你的产品好"的情况下，才会购买你的产品，即所谓的"认知决定行为"。

消费者的认知怎么来的？

消费者的购物行为不会像专家做科研一样，先对产品的功能、性能等做科学的检测与比较。消费者通常以脑海中的一些记忆，如口碑、广告、品牌故事、企业文化、产品卖点等作为产品是否有价值的评判标准。

当衣服的材质大同小异的时候，为什么消费者更青睐香奈儿，而不是普通服装店低价甩卖的优质服装？因为香奈儿定义了自己"独立女性"的价值认知。

女性消费者之所以喜欢昂贵的香奈儿，是因为它卖的从来都不仅仅是衣服和包包这么简单。香奈儿的创始人把只能用在葬礼上的黑色布料用在时尚着装上，彻底抛弃曾经需要束腰、繁琐的蓬蓬裙款式，只用直线剪裁的方式，把女性从束缚中解放出来。无论是颜色，还是款式，香奈儿都在通过产品表达一种女性摆脱偏见，追求自由、自信、独立的精神内核。

当纯粮酒的生产成本都差不多的时候，为什么消费者还是喜欢茅台？超市里摆放的上百种其他品牌的白酒，价格更低，为什么销量却一般？因为茅台定义了自己的高端价值。

男性消费者之所以喜欢茅台，不仅是因为它的口味，也不完全是因为它的发酵工艺和用的水源好。这些对于外行人而言并没有那么重要。消费者看重的是茅台向外传递的"不是每一个人都能喝到茅台"的稀缺价值。所以在宴席上，很多人都喜欢用茅台"撑面子"。

当矿泉水的口感几乎都一样的时候，为什么消费者还是优先选择农夫山泉、百岁山、娃哈哈等品牌，而不是选择那些更便宜的矿泉水？因为这些品牌定义了"天然""贵族""纯净"等价值。

当你选购冰箱和空调的时候，所有的产品宣传页上都写着"X年质保"的文案，为什么你还是喜欢选择格力、海尔，而不是买那些同样有售后服务、价格更低的产品？因为格力定义了自己的"科技"，卖的是"我有核心科技"，是看不见、摸不着的"科技感"；而海尔定义了自己的"五星级服务"，卖的是"可以信赖我们，我们的产品质量好"的价值观。

即便是你给孩子买绘画用的颜料，为什么你更青睐青竹画材，而不是其他的产品？因为青竹画材代表"健康"。

因为这些品牌定义了产品价值，在用户的心智中形成了"价值认知"，从而让用户认为它们可以信赖。

一个企业的产品若没有定义价值，就产品卖产品，就会成为上述所说的只有肉身、没有内在灵魂的"空洞"产品，在市场竞争激烈的时代很难打动消费者。

再比如汽车，无论哪个品牌的汽车都可有代步的功能，但没有哪个汽车企业这样做广告："来买我的汽车吧，它能把你从上海拉到北京。"

奔驰卖什么？奔驰将自己的价值定义为豪华、尊贵。

宝马告诉消费者：如果你开了我的车，就会有畅快淋漓的速度。所以它有一句经典的广告语："听，风声！"它卖的是操控性，是速度感，是刺激，是惊喜，是驾驶的乐趣。

无论是"尊贵"还是"速度"都已经成为它们品牌的价值，那沃尔沃如何定义自己的独特价值？那就是"安全"。

所谓品牌塑造就是给产品赋予内在的灵魂和外在气质，是给予消费者购买的独特理由。产品没有完成对自身价值的定义，就如一个人没有灵魂一样，空洞而乏味。

商业案例二　　**鲁花的品牌之道**
　　　　　　　——决不让消费者食用一滴不健康的油

一、如果没有鲁花……

　　"如果没有孙孟全和他的鲁花，中国不知还有多少人在吃劣质的油！"——鲁花开创了中国花生油的高品质时代。

　　"如果没有孙孟全这个山东汉子，中国不知还有多少山岭薄地在裸荒，还有多少亩土地在沙化！"——鲁花每年发动农民在数千万亩沙地上种植花生。

　　"如果没有孙孟全和他的鲁花，中国的食用油行业还会有基本的'尊严'吗？"——鲁花品牌的成长史，就是民族油脂工业的成长史。

　　这是记者采访我"你眼中的鲁花创始人孙孟全是什么样子"时，我发自内心的三句话。

　　在中国近30多年的经济发展中，富裕起来的人很多，做成一个公司的人也不少，但是能够把一个产品做成一个品牌，把一个品牌做成一个产业链，用一个产业链既造福消费者，又造福农民，同时为整个社会和生态环境做出巨大贡献的企业，可以说凤毛麟角。这就是我尊敬这家企业和这位企业家的原因。

二、鲁花让中国的消费者吃到好油

　　鲁花存在的更多意义是让中国市场有了中国人自己的食用油品

牌。因为，它既让千千万万个中国家庭用鲁花花生油轻松炒出健康又美味的菜肴，又让中国千千万万位种植花生的农民有了良好的收入，所以它敢告诉消费者："吃好油，吃香的油，吃健康的油。"

"每当我困惑的时候，就问自己做鲁花的初心是什么？"这是 2020 年鲁花的老总孙孟全对我说的话。"鲁花的油虽然卖得更好了，但我们更要坚守品质的标准，不能因为需求量大就降低标准。"

"鲁花的初心是给消费者做一瓶好油。"（见图 2-1）

图 2-1　鲁花花生油

三、我与鲁花的结缘

20 年前，我和鲁花合作的缘分源于孙孟全让他助理打过来的一通电话。他在电视上看到我讲营销的视频，觉得我讲得很有道理，就让助理约我在鲁花见面。我们促膝长谈了 3 个小时。我被孙孟全的企业家情怀深深地感动，自此开启了长达 20 多年的合作。

让我感动的不仅是孙孟全为人的真诚与豁达，也不仅是生产优质花生油独创的先进工艺，还有鲁花的价值观。他说：**"我从创业的第一天开始就承诺，决不让消费者食用一滴不健康的食用油。"**

这句话今天听起来好像很平常，可贵的是他从创业第一天就这么说。中国有句话叫"人穷志短"。很多创业型的企业在早期由于资源的匮乏可能有一些不规范或打擦边球的行为，为了生存"露着膀子奔跑"，而不是穿着体面的西服优雅前行，这是完全可以理解的。

但是，如果一家企业、一个人在创业的时候就能人穷志不短，就能够做出庄严的承诺，这个人心中一定有着超越常人的梦想，准备承担超越常人的责任。这就是一个人或一家企业伟大的基因！这个人一定有未来，这家企业也一定有未来！

"决不让消费者食用一滴不健康的油。"这句话说起来容易做起来难。因为它需要一系列的前提条件，需要超越常规的成本支撑。为了这句话，鲁花几十年来一直坚持选择优质的一级花生做原料，选择非转基因花生做原料，投入了大量的资金提升技术；几十年来依然坚持纯物理天然压榨工艺……所有的这些都是鲁花为了实现这句话支付的成本。

这是一家让人感动的企业，一家让人尊敬的企业，一家让大众放心消费的企业。然而，高品质的产品一开始投放到市场上却卖得不好。孙孟全和我说："一开始我们把油放到青岛的家乐福超市卖，3个月只卖出 3 桶油。"由此可见，企业早期发展必然遇到诸多困难。好油要卖好，就要不断地将鲁花油的价值和消费者沟通。这就是塑造鲁花品牌的过程！

四、从花生贸易到花生油战略

鲁花的创始人孙孟全最早是从事花生贸易业务的。因为山东历来有种植优质花生的传统，所以出生于山东莱阳的孙孟全从事花生出口贸易也就不足为奇了。但是随着国家进出口权的全面放开，很多企业都可以直接从事出口贸易。竞争越来越激烈，鲁花顺势而为开展了企业经营管理上的创新。

因为孙孟全对花生行业的热爱，所以他不愿意离开花生这个大行业。花生不好卖了，就用花生榨油卖。鲁花选择了花生油赛道。

选择花生油的战略并不难，难的是几十年来坚持在一个赛道上不动摇。常言道：**"凡有选择必有依据，凡有选择必有自律"**。中国早期从事花生油的企业有很多，但大多数都没有把它当成一个事业去经营，只当成挣钱的手段，所以当他们遇到困难时，就不停地转行或退缩，忙忙碌碌十几年乃至几十年最终一事无成。这叫战略不专注或战略模糊。

鲁花选择花生油赛道后，不管外部有多少诱惑都不为所动，一做就是几十年。这就是一个企业家的自律和坚守。

虽然有很多企业家都在大谈特谈战略，但能理解战略内核的人少之又少。

战略的本质是一种可持续增长的方式。凡是不可持续的，都不叫战略。比如投机取巧就不是战略，想买彩票中大奖也不是战略，因为这都不可持续。不可持续的就无法走远。这也是绝大多数企业短命的原因。

如何做才可持续？

这就要求企业找到自己专属的赛道，要求企业在这个赛道上持续精进，日积月累构建超越其他对手的护城河。鲁花恰恰就是这样的企业。

鲁花真正实现了他们在企业文化中倡导的**"敢于与无人竞争"**的**经营理念：**是和自己竞争，不受外界干扰；是只专注于自己的赛道，能持续向前，把对手甩在后面。

鲁花选择花生油赛道的时候，创始人孙孟全就曾说过，自己选择花生油的初衷是因为当时的市场上到处都在销售散装油，而散装油的质量很难得到保障。所以他在创业的第一天就和家人说"决不让消费者食用一滴不健康的油"。

五、从品质鲁花到品牌鲁花

鲁花想做一瓶好油，但好油的标准是什么？

好油首先是香的，但香的油当时都是土榨油。土榨油中含有很多不健康且无法去除的成分，更没有办法标准化、规模化生产，所以鲁花如何用科技的手段生产香的油？

能够生产出好油，必须原料好，生产设备先进，生产工艺科学，但成本相对高，价格也相对贵，怎样才能将贵的产品卖好呢？

凸显产品的价值！

真正的营销高手在做品牌时就会想尽办法凸显品牌的价值，而非在价格方面让步。

只要把价值和消费者说清楚，消费者就愿意付高价。毕竟在这个世界上，没有人会真正喜欢"低价"。因为消费者在几千年的商业经验中得出"低价没好货"的道理，所以消费者只喜欢讨价还价。

鲁花油的价值是什么？香！

所以鲁花当年打出的广告语是："滴滴鲁花，香飘万家！"

鲁花的油为什么香？要给消费者购买的理由。鲁花从 5 个方面总结出"香"的原因（见图 2-2）：

1. 一次性压榨代替化学浸出技术；

2. 生香留香技术；

3. 无水化脱磷技术；

4. 恒温储存，天然 VE 保鲜技术；

5. 彻底去除黄曲霉素技术。

图 2-2　鲁花花生油压榨工艺

广告在传播过程中，实现了"鲁花 = 优质花生油"的认知连接，实现了"鲁花 = 花生油""花生油 = 鲁花"的品牌与品类的连接，让消费者对鲁花价值有清晰的认知。

六、鲁花的"先爱"理念

鲁花是第一个提出"先爱"管理理念的企业。我们经常讲做人做事要追求双赢，但怎么样才能达到双赢？这里总要有一个先后顺序，是我们自己先赢，还是让对方先赢？

很多人都是先利己再利人，而鲁花讲的是"先利人再利己"。先爱别人，才能让别人再爱我们。孙孟全说："**孔子讲'仁爱'，墨子讲'兼爱'，怎么爱呢？鲁花先伸出手爱他人，这就是'先爱'，而不是等着他人先来爱我们。**鲁花先爱种花生的农民，先爱消费者，先爱合作伙伴，先爱员工，先爱我们的国家。"

鲁花文化讲爱心和创新，实际是指"做人"和"做事"。

爱心是鲁花的向心凝聚力；创新是鲁花的发展提升力。

通过对爱心创新文化的挖掘，鲁花提炼出"爱己先爱人""做事先做人"的"先爱"理念，把做人放在第一位考虑。鲁花的爱心是以"人"为基础的，认为只有做好人，才能做成事，思想决定行动。

比如你爱消费者，就不会在产品质量上弄虚作假，消费者的回头率就高；你爱农民，就能体会到农民的艰辛，就会想方设法去保护他们的利益，而不是夺取他们的利益。

孙孟全在参加济南企业家座谈会时，建议国家对种植花生的农民给予适当补贴，同时希望国家重视花生良种的培育，让老百姓每亩花生再增产 100 公斤，增产后促进农民再增收。这一建议被政府采纳。

直到现在，鲁花作为国内最大的花生油生产企业，年产量达上百万吨。面对着庞大的市场需求，不论农民还是供应商，不论收购量多大，鲁花多年来一直坚持现款现货，从不给农民和供应商打白条。

更重要的是鲁花建立了花生采购价格委员会。团队成员每年在收购花生前都会评估出农民的最高收成，在此基础上加价 20% 作为鲁花当年采购农民花生的价格，其背后逻辑是："鲁花不能让农民吃亏。"

鲁花将企业的利益与农民的利益结合起来，把消费者的利益和自己的利益结合起来，统筹兼顾，用"先爱"的理念让企业得到持续不断的发展。

七、鲁花的全产业链事业

今天的鲁花从花生种子的培育到高油酸花生的诞生，从发动农民种植花生到研发高科技的花生油压榨工艺，从品牌建设到渠道建设，从人才团队的培养到企业文化的铸造，鲁花打造了全产业链优势，更坚守着"攸关生命，贵在健康"的企业使命。鲁花为中国社会生产一瓶好油，为中国人的健康做出了重大的贡献，让代代消费者都能吃上优质的花

图 2-3　鲁花花生油广告牌

生油，不仅是为这一代造福，更是为下一代造福（见图 2-3）。

鲁花——为了这一代，更为下一代！

八、鲁花向千亿规模迈进

今天的鲁花，已经成为中国家庭信赖的高端食用油品牌。鲁花的油让人们放心。鲁花的油不仅健康，而且还很香，让中国家庭轻轻松松做出一道又一道的美味佳肴。

除此之外，鲁花产品线已经从一瓶花生油，延展到菜籽油、非转基因大豆油、亚麻籽油、葵花仁油、玉米胚芽油……再到酱油、米醋、大米、料酒、耗油、挂面等，业务横跨食用油、调味品、米面等多个品类，鲁花已成为民族企业的标杆，成为令中国消费者骄傲的品牌（见图 2-4）。

图 2-4　鲁花系列产品

鲁花的存在，让土地环境得到改善，让辛苦的农民获益，解决了几万人就业，给国家创造了财富，让中国市场有了值得骄傲的民族品牌。这就是鲁花的意义与品牌高度！

第三章

品牌是山峰，
流量是江河湖泊

商业的生态可以从自然生态中找到原形。商业的运转模式也和大自然的运行模式有相似之处。

品牌与产品的关系，就像山峰与流水的关系，山水相依，互为依存；而所谓的流量则是流水在奔向星辰大海过程中暂时的栖息地，是江河湖泊。

07　品牌是山峰，产品是水

> 商业的生态和大自然的生态保持着惊人的一致性，比如品牌就像巍峨的山峰，代表高度与力量，而产品就像从山峰上源源不断流下的水，奔向星辰大海，山水相依，保持共生的关系。

大自然孕育的一切都可以成为智慧的根源。

世界上很多产品的诞生，都是受动物或植物的某些特征启发而发明的，比如超声定位器是人们受到蝙蝠超声定位的启发而进行的产品创新，用于搜索和定位空中的飞行物。人们还因此仿制了盲人用的"探路仪"，内装超声波发射器，帮助盲人发现和躲避电杆、台阶、桥上的行人等。人们发现蜻蜓在飞行时，不仅能垂直降落，还能在空中悬停。科学家因此受到启发而创造出直升飞机。

你知道尼龙搭扣又是受什么启发被创造出来的吗？

1948 年，瑞士工程师乔治·德马斯特罗发现了一个很有趣的现象：当他去农村时，经常发现一些牛蒡种子粘在衣服上，而去除牛蒡种子是件很困难的事。他从衣服上取下一粒牛蒡种子在放大镜下仔细观察，发现种子表皮带着很多小钩子。这些小钩子"钩住"了衣服上的纱线。他受到启发，发明了一种名叫"魔术钩"的尼龙扣。

还有管状叶的隧道桥是受到玉米最外层的长圆筒叶子的启发；声呐系统是根据鲸鱼在大海中靠超低声音定位和联络的启发，用在潜艇上作引航……还有很多伟大的发明，都是受到了大自然中某种生物身上的某种特征的启发，所以商业往往与大自然的生态有着本质上的关联。

管理学大师彼得·德鲁克也曾说过："企业之间的生存发展如同自然界中各种生物物种之间的生存与发展，它们均是一种生态关系。"

这次，我用大自然中随处可见的山峰和水重新定义"品牌和产品的关系"。

我认为"品牌是山峰，产品是水"。

大诗人李白曾在《将进酒》中说道："君不见，黄河之水天上来，奔流到海不复回。"请问，滚滚而来的黄河水真的是从天上来的吗？

中国的地势特征是西高东低，西部最高的山峰是珠穆朗玛峰，海拔在 8000 米以上，被称为"世界屋脊"。随着海拔的升高，山峰高耸入云，气温骤降，使得空气中的水汽更容易凝结成雪花。当冰雪不断地融化成水流下来时，就形成了中国大地上的水流总体方向是从西向东。

所以李白口中的"黄河之水"形成的源头，是山峰上冰雪融化的水，一路由西向东奔流而下。

用更加精准的词句描述是"品牌是山峰，产品是从山峰上流下来的水"，两者的存在相辅相成。"山峰"的存在造就了水，水的存在滋润了山。

一、"品牌是山峰"

为什么"品牌是山峰"？这句话可以理解为，每一个在消费者心智中获得深度认可的品牌都像巍峨入云的山峰一样占据了制高点，不仅有着波澜壮阔的气势，还非常引人注目。

比如，你想买一部手机，你会先想到什么？

摄像头的像素？手机的尺寸？手机用了什么芯片？可能都不是，你通常会想，是买苹果，还是买华为？

如果你要买一瓶水，你会先想到什么？

是水的口感还是口味？可能都不是。你会想，是买农夫山泉还是买娃哈哈？

如果你要买一辆汽车，你通常会先想到什么？

是汽车性能、价格或是汽车的颜色？可能都不是。你通常会想到的是，买宝马，还是买奔驰或是大众？

如果你想买一瓶油，会先想到什么？

是规格还是口味？可能都不是。你通常会先想，是买鲁花还是长寿花？

即便你只想买一箱牛奶，你也几乎不会想什么包装，或者每毫升含多少乳蛋白？通常你会先想是买伊利还是三元？

无论在哪一个行业，都会有一个品牌像巍峨的山峰一样矗立在你的脑海中，让你在有购买需求时会先想到它。

二、山峰的外形千差万别，品牌占据的心智也各有不同

品牌是山峰，不同品牌是不同的山峰，有高有矮，有大有小，有绿树成荫的山峰，也有奇石怪岭的山峰……

比如某牌子的饮料代表"激情快乐"，另一个牌子的饮料则代表"高贵身份"。

提到运动服装、鞋帽品牌，消费者比较认可的一定有耐克品牌，喜欢它传递出的"不断超越自我，要足够自信"的价值观。李宁品牌的服装在国际市场上能刮起热潮，因为它占领的是"国潮文化"这座山峰，让年轻人通过产品表达喜欢中国传统文化的爱国情怀。

提到手机品牌，消费者会想到华为、苹果，是因为它们占据了"高科技"这座山峰，得到了精英人群的认可。小米的手机全年出货量可以破1亿部，因为它占据的是"平价""高性价比"这座山峰，得到中低端消费人群的认可。

天下的山有很多，但不是每一座山的内部构造和外部形状都一样，有的是金山，有的是矿山，还有的是煤山。

外部的轮廓，有的呈现蜿蜒曲折的形状，有的是悬崖峭壁，有的呈现粮仓似的形状，还有的像一头酣睡的狮子……所以即便是同行业的品牌想表达的含义、价值也是不同的！

三、"产品是水"

当品牌成为某一座山峰的时候，产品就如同山峰上白雪融化流下来的水。山峰的高度越高，形成的落差越大，从山上流下来的水的动

能就越大，一路急速奔腾而下，最终奔向星辰大海。这里的星辰大海指的是不计其数的广大消费者。

流水在奔涌向前的过程中，不会一下子直达大海，中间一定会经过江河湖泊。这就是产品流通过程中的批发商、经销商、销售终端、平台商等。

如果没有山峰，流水没有落差，就只能是一潭死水。同样道理，如果只会埋头生产，不做品牌或企业没有品牌，没有销售势能，产品就很难流通。

08 江河湖泊是渠道，消费者是海洋

> 品牌山峰有了高度，产品之水就有了流动的动力。流水经过的每一个江河湖泊，就相当于产品选择了不同的渠道，类似于平台商、经销商、终端等。产品在渠道做短暂停留的过程就是二次蓄能的过程，然后产品之水再次上路，奔腾不息地流向大海，最终呈现在全国、全世界的消费者面前。

商业的生态模式，完全是自然生态的模式。这次我在"山峰""水"这些要素之上，再添上"江河湖泊""海洋"这两个要素来解释企业内部与外部的合作关系。

整体来看，中国地势西高东低，阶梯海拔落差大。发端于西部的水资源没有成为"死水"，而是一路向东奔腾又形成了很多风景奇迹，如长江、黄河、壶口瀑布等以水为主的自然奇观。若是把这种奔腾不息的现象套用到商业的运转模式上，就是一条完整的商业链条。

各个板块的挤压、竞争，形成了中国西高东低的地势，那些高的山就像一个又一个在竞争中胜出的品牌，拥有威严和高不可攀的地位。

有了品牌也要有产品。产品像雪山上流下的水。这些水在流淌的过程中会途经、分布在全国各地的湖泊、小河流，最终一路奔腾汇进大海。

用商业的运转模式解释就是：山峰是品牌，水是山峰孕育的产品，

若想要把产品销售到全国各地，就需要选择市场，选择渠道。

在"水"从"山峰"上往下流的时候，有的水流分布到河南，有的水流分布到江浙，有的水流分布到北京……相当于产品选择的不同等级、不同地区的市场。

当"水"流入"湖泊""小河流"的时候，相当于产品选择的是批发市场，还是大型超市渠道或是零售渠道。

"湖泊"的面积通常比较大。湖泊蓄水的能量更大，形成的自然景观更壮丽，也总能吸引更多游客观赏，更容易受消费者的追捧，所以更像是商业中的大型超市渠道，如沃尔玛、家乐福、物美等。特点是面积大，气势高，具有代表性。

在互联网平台，如京东、拼多多、淘宝等头部电商平台，粉丝多、平台影响力大；在新媒体平台，头部的直播博主，影响力大的 IP 的直播间，因为个人魅力大，深受消费者的追捧，动销能力很强。

小河流的面积小，看似没有存在感，威力很弱，但小河流的数量多，遍布世界各地，无论是在大城市还是农村，虽然位置很偏僻，但就像家门口一个又一个不起眼但销售着各种产品的小卖铺，起着"浸透"的作用。

总体而言，"山峰"是品牌，"山峰上的水"是产品。当"水"流动起来的时候，在不同的区域停留，相当于选择了不同的市场。当"水"进入"湖泊""河流"的时候，是选择了渠道商。这些水再继续流淌下去，归宿是汇入"大海"，相当于"所有的消费者"。

这样理解商业世界是不是容易多了！**商业的运转模式就是自然生态的另一种展现形式，理解了自然生态就可以轻松地理解商业的运转链条。**

09　品牌的山峰，多产品形成山脉

认知要清晰，选择要丰富。

品牌塑造要在消费者心智中形成清晰的价值认知，但还不够，还要给消费者丰富的产品选择。也就是说，品牌可以生产、销售、经营更多的相关产品，打造多个子品牌，以形成规模宏大的绵延不断的山脉。

构建了品牌的山峰，选择了市场，明确了渠道，产品动销了起来，产品被输送到全国乃至全球的消费者面前了，是不是营销就完成了闭环？

没有。你还得构建品牌的生态集群。

为了讲清楚这个问题，我们看看大自然中延绵不断的山脉是怎么构成的。除了有一个大山峰，还有众多小山峰相互连接，它们共同形成了宏大的山脉。

中国有宏伟的珠穆朗玛峰，与珠峰相连的还有无数个大大小小的山峰。它们共同构成了大气磅礴的喜马拉雅山脉。

如果继续用商业生态来解释这些山脉的存在与"山峰"的关系，就可以用"主品牌"和"多品类产品"，也可以用"主品牌"和"子品牌"的概念作解释。

一、"主品牌"和"多品类产品"的关系

"主品牌"通常指公司品牌或集团品牌，"多品类产品"通常指一个品牌下的多种类的产品。

比如赞伯公司服务的公牛电器，在消费者的认知里是"安全"的代名词，备受消费者的认可。那么，"安全"的价值认知就可以移植到公牛电器生产的其他品类。公牛电器目前生产的产品，早已经不是只有插座这一产品了，还有墙壁开关、LED照明灯、充电桩、转换器等产品。众多品类产品共同构成了公牛的品牌山脉。

再比如赞伯公司服务的鲁花品牌，一旦在消费者的心智中塑造出了"高品质健康"的价值认知后，消费者对鲁花品牌的信赖就可以移植到鲁花生产的其他品类上。所以，鲁花集团还生产葵花仁油、亚麻籽油、玉米胚芽油、浓香大豆油、酱油、醋、料酒、挂面、大米等，以满足消费者对高品质生活的多种需求。

一个品牌有了足够的高度，在消费者的心智里塑造了价值认知以后，就可以销售更多品类的产品，增加业绩。

二、"主品牌"和"子品牌"的关系

"主品牌"通常指公司的主力品牌或集团品牌。那什么是"子品牌"呢？

"子品牌"通常指公司或集团为了发展更多品类或产品线而延伸的产品品牌。比如宝洁公司作为庞大的日化集团，产品种类涵盖洗发水、护肤品、母婴用品等不同品类，但宝洁公司把不同品类的产品都孵化出一个或多个子品牌，比如飘柔、海飞丝、沙宣、潘婷等都是洗发水品牌，奥妙是洗衣粉品牌，玉兰油、SK-Ⅱ等是护肤品品牌，帮宝适是母婴用品品牌……

女性消费者经常提到的雅诗兰黛，作为全球几大知名的护肤、化妆品和香水公司之一，产品种类涵盖面霜、口红、粉底液、香水等。它为此孵化出悦木之源、倩碧、MAC、海蓝之谜、朗仕、芭比波朗等不同品类的子品牌。

当一个品牌在行业中有了足够高的地位，在消费者的心智中有了明确的身份认知，就可以繁衍出更多其他品类的产品并孵化子品牌。在"主品牌"的影响下，"子品牌"和其他品类的产品相互支持，从而形成连绵起伏的企业产品山脉。

卓越的企业都懂得通过塑造子品牌，打造多品类产品的竞争优势。比如可口可乐公司，它生产的产品从来不只是一瓶饮料。健怡、雪碧、芬达、美汁源、酷乐仕维他命品牌都属于可口可乐公司，其旗下包括汽水、运动饮料、乳类饮品、果汁、茶和咖啡等上千种饮料，使得可口可乐公司成为拥有超过48%市场份额的全球最大的饮料公司。

提到雀巢，有很多消费者先想到的是雀巢传递的"高品质"，再联想到雀巢的速溶咖啡。实际上雀巢构建了一个很庞大的商业生态圈，旗下的子品牌有嘉宝、佳膳、太太乐、脆谷乐、纤怡、脆脆鲨、趣满果等，产品种类除了速溶咖啡，还有奶粉、巧克力威化饼干、巧克力糖果、冰淇淋、淡奶油，甚至还有调味品、矿泉水。

想要形成"多产品的山脉"，塑造多个子品牌，首先要有一座高价值认知的主品牌山峰。有了足够的势能，就会带动多品类产品的整体销售，企业经营就不局限于单一产品或单一品类。多品类产品形成一个又一个的山峰，众多大小山峰又连成大山脉。营销是一件多么神奇又多么智慧的事情！

商业案例三　　**大国乳业的品牌灯塔**
　　　　　　——首都人为何信赖三元乳业

　　在北京，有一个中国奶粉品牌备受首都人民的信赖。它就是三元奶粉。

　　中国乳业经历过发展的高潮，也经历过令人揪心的跌宕起伏。三元奶粉是如何担负起大国乳业的品质责任，如何突破行业发展周期，让首都乃至全国的消费者信赖的？

　　中国乳业经过几十年的发展，整体规模和品质都上升到一个更新的高度，涌现出一批令消费者放心的民族品牌。

　　回顾中国乳业发展的历程，经历过起步、发展、壮大几个阶段，但期间经历过的令人揪心的三聚氰胺事件，使当时的中国乳业笼罩在"不值得信任"的阴影之中，很多国外乳业公司趁机大举进入中国市场。

　　此时的中国乳业，谁来擎起这杆大旗？谁能在风雨飘摇之中成为中流砥柱？成为中国当年约 1600 万新生儿父母们值得信赖的婴儿奶粉品牌？

　　中国当时到底有没有好的婴儿奶粉？有。北京的三元奶粉就是其中之一。

三元奶粉为什么好？好奶粉源自好奶源！

三元乳业一直用中国最好的牛奶制造婴幼儿奶粉！三元婴幼儿配方奶粉所用奶源，均来自世界一流的现代化牧场、全国唯一一家饲养量最大的规模化牧场——北京绿荷奶牛养殖中心。

北京绿荷奶牛养殖中心（北京绿荷牧场）拥有数万头国内最大良种——荷斯坦奶牛，实现了规模化、集约化、数字化管理。喂养的饲料全部经过绿色认证和科学调配。

我曾经到三元的奶牛养殖场参观，看到数万头牛悠闲地散步在树林之间或者草坪之上，冬天有暖气，夏天有凉风。牛在热天每天冲 2 次冷水澡，蹄子上都被安装了智能计步器。牛每天走多少步、走多远的距离都在后台的电脑上一目了然。我当时感慨地和陪同的三元员工说："你们的牛生活待遇真好啊！"

"好牛奶"和让消费者知道并信任这个"好牛奶"是两码事。只有完成有效的品牌沟通，才能唤起消费者对整个中国乳业的信赖。

2013 年上半年，三元乳业的领导请我配合他们完成与消费者沟通这样一个艰巨的任务。

三元奶粉，60 年品质如一。

三元奶粉是北京首农集团旗下的品牌（见图 3-1）。作为北京的一家乳品企业，三元乳业始终坚持品质至上的原则，在近 60 年的时间里，研发生产了许多令消费者倍感信任的产品。

但是，在国内奶粉市场被外资品牌占

图 3-1 三元幼儿配方奶粉

据大半江山的情况下，三元乳业也同样面临巨大的困难。如何让三元品牌更加壮大，如何让三元奶粉销量攀升，让更多的中国人喝上值得信赖的三元奶粉？

营销，从认知突破。

随着中国经济发展和人们生活水平的提升，中国家庭在养育下一代的过程中，开始大量选择婴儿奶粉，从而推动了婴儿奶粉这个品类的迅速增长。

但是，与巨大市场需求对应的，却是供给端的失衡和混乱。许多奶粉生产企业没能生产出符合消费者需求的高品质产品。

中国妈妈对婴幼儿奶粉的质量的担心，对中国品牌婴幼儿奶粉质量整体的不信任，让优质的三元奶粉的营销也变得倍加艰难。

对于国内婴幼儿奶粉企业来说，此时再说配方、再说营养、再说工艺等，都已经无济于事。因为中国妈妈们，已经不再相信这些说辞了。

此时的三元奶粉，怎么办？

这是赞伯公司做过的难度最大的营销方案。在那段时间，我常常站在22层办公室望着窗外发呆："这个行业怎么了？我们到底缺什么？"

慢慢地，有一个理念冒了出来：一个伟大的品牌，一定是社会缺什么就去弥补什么。只有这样才能获得大众的谅解和理解。

营销最重要的工作就是沟通。既然中国的一些婴幼儿奶粉品牌伤害了消费者，那么解决的基本途径还得靠沟通。

　　怎么沟通？通过多角度、多层次理解中国妈妈的焦虑，倾听妈妈的心声，从而舒缓对立的情绪，并逐步从对立过渡到谅解、信任。

　　此时，三元乳业必须从社会责任的角度与消费者沟通，以赢得更多消费者的认可。

　　电视广告是最好的沟通形式。从担当社会责任上着眼，赞伯公司为三元乳业策划制作了三支广告片。

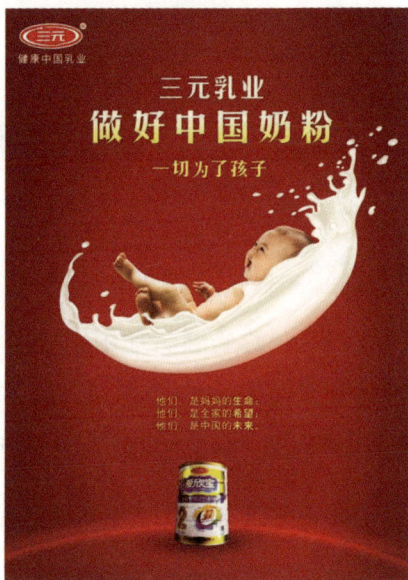

　　广告创意一（见图3-2）：责任篇。从行业角度，企业主动承担这个行业的社会责任。

　　他们，是妈妈的生命；
　　他们，是全家的希望；
　　他们，是中国的未来。
　　一切为了孩子。
　　三元，做好中国奶粉。
　　三元，健康中国乳业。

图3-2　三元乳业广告创意一

　　广告创意二（见图3-3）：证言篇。站在用户角度，为消费者证言。

你的奶粉好，你自己的孩子吃不吃？

　　我发现三元乳业所有的高管都给自己的孩子吃三元乳业生产的奶粉！我曾经和一位从德国回来的乳业博士聊天，她说三元奶粉是最好的奶粉。

图 3-3　三元乳业广告创意二

首先是配方不一样。三元奶粉的原奶都来自自有牧场。

再有，鲜奶湿法加工，让奶粉更香。有的小孩子喝了三元奶粉以后，还要妈妈再给冲半瓶。而许多进口奶粉从加工完成到运到中国，至少需要 3 个月的时间，孩子们喝时奶的香味已经变弱了。

没有比这更好的为三元奶粉品质现身说法的事例了。

这支广告中，出镜的消费者是三元的高管团队。他们既是产品的缔造者，也是孩子的父亲或母亲。因此，他们的证言既具专业性，又饱含浓浓的爱意。

我的孩子，吃我牧场的奶粉。

我的孩子，吃我研发的奶粉。

我的孩子，吃我生产的奶粉。

我的孩子，吃我全程监管的奶粉。

三元奶粉，

三元孩子吃好，您孩子吃也好。

三元，做好中国奶粉。

三元，健康中国乳业。

项目组在讨论上述广告创意的过程中，深深感到还应该从孩子的角度理解一桶好奶粉对幼嫩的小生命多么重要。他们在这个世界上是那么幼小而无助。他们是多么渴望那些叔叔阿姨给他们生产优质的产品啊！

于是，孩子的心声催生了这样一支广告。

广告创意三（见图3-4）：呼吁篇。站在孩子的角度，讲述对好奶粉的呼吁。

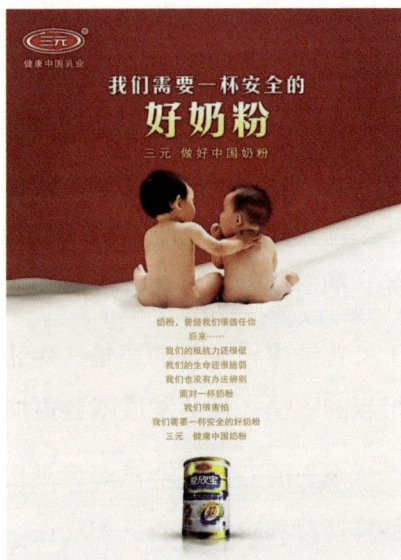

奶粉，曾经我们很信任你。

后来……

我们的抵抗力还很低，

我们的生命还很脆弱，

我们也没有办法辨别，

面对一杯奶粉，

我们很害怕，

我们需要一杯安全的好奶粉。

三元，健康中国奶粉。

图3-4　三元乳业广告创意三

这时，赞伯团队深深感到一桶合格的奶粉对幼小的孩子是多么重要，也深感庆幸中国还有奶粉是值得大众信赖的。

网络广告创意（见图3-5）

"奶粉！！别哭，幸好还有三元。"这样一支网络广告令人动容！

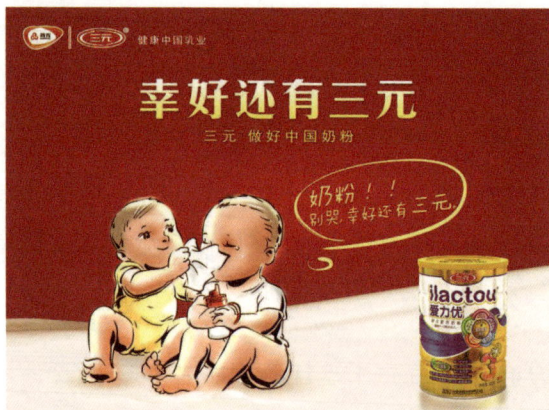

图3-5　三元乳业网络广告创意

上述三支电视广告和一支网络广告分别在电视台和网络媒体上进行了传播，效果非常好。

别人都在拼智力的时候，我们把道德做好。三元奶粉，严把品质关，把道德做到极致，产品自然会赢得消费者信赖。

营销应该做好的事情，做正确的事情。**如果大家都做有责任、有担当的事情，社会发展就会更加健康了。**

今天的三元乳业已经发展成备受消费者信赖的高端品牌。他们的品牌使命和责任担当一如既往。三元乳业的领导在接受记者采访时说："以消费者为中心，通过持续加大科技投入，将产品做优，通过持续打造核心竞争力，将品牌做强，通过内涵式增长和外延式并购将企业做大，通过做优、做强、做大战略落地，把三元乳业打造成为最受国人信赖的民族乳企品牌。"

第四章

品牌塑造美好世界

伟大的国家是人民的守护神，卓越的品牌是消费者的精神家园。品牌除了满足消费者的价值需求外，还承载塑造美好世界的使命。

10 杰出者通过品牌塑造美好世界

> 国家和品牌都是开创者的旷世杰作。品牌是企业家在商业世界构建的价值高峰。伟大品牌是商业世界里的"帝国"。

杰出者未必有机会缔造一个国家，但却可以通过开创一个品牌塑造美好的世界。伟大的国家是人民的守护神，卓越的品牌是消费者的精神家园。

每个国家最隆重的节日之一就是国庆。国庆的重要活动之一就是纪念这个国家的领袖。各国对于国家领袖的纪念方式出乎意料的一致，通常会把开国元勋、总统、国王或是对这个国家有重大贡献的人印在钞票上，以表示永久的纪念和尊敬，表达该国的文化与精神内核。

在中国，毛主席的形象被印在人民币上展现了中国人民对毛主席的尊敬。

在美国，开国领袖华盛顿的头像也被印在美元上，表示着美国公民对开国者的尊敬。

对于普通人而言，不是每个人都有机会和能力参与创建一个国家，但是却有机会创造一个卓越的品牌。品牌是企业家在商业世界构建的价值高峰，是商业世界的价值帝国。

大多数企业只关注生产，只有极少数杰出者才敢于并善于创造出优秀的品牌。卓越的品牌用商业力量推动着人类社会的进步，提高人们的生命质量，让世界变得更美好、更温暖。

同仁堂品牌于 1669 年创立，距今已有 355 年，仍保持着良好的口碑，成为整个行业的标杆。同仁堂品牌自创办至今，一直都遵循着"炮制虽繁必不敢省人工，品味虽贵必不敢减物力"的祖训。

同仁堂几百年来一直坚守货真价实的经营理念。他们从中药材种植基地建设到中药材鉴别，对产品质量一直坚定守护祖训。"同仁堂"品牌，从清朝创立至今，已成为海内外华人推崇的品牌。

"同仁堂"品牌的存在就像中医药世界里的一个伟大王国，护佑着广大消费者的生命健康。同仁堂品牌是医药商业世界的一个标杆，推动着整个行业的进步。

中国人吃烤鸭的历史源远流长。南北朝的文献中就有烤鸭的详细做法。千百年后的今天，中国人还是喜欢吃烤鸭。南京更有"金陵鸭馔甲天下"的美誉。

吃烤鸭的人有很多，做烤鸭的人也有很多，但只有全聚德烤鸭做成了世界知名的百年品牌，其制作技艺还被列入"国家级非物质文化遗产名录"。外国人到北京旅游，先去长城逛一逛，再尝一尝全聚德的烤鸭，感叹"不到长城非好汉，不吃全聚德烤鸭真遗憾"。**"全聚德"以美食为载体，成为引领世界各地的消费者展开文化交流的美食渠道。**

中国人喝茶的历史可以追溯到 5000 多年前，但中国茶业以中小企业和个体茶农经营为主，茶叶品牌相对少，导致茶叶受欢迎却没有知名茶企，消费者缺少选择依据，世界影响力有限。

立顿公司 1992 年进入中国市场，用标准化的包装、简单的冲泡方式和"从茶园直接到茶壶"的诱人宣传标语，仅用 5 年便取得中国市场茶包销售额第一、市场占有率第一的成绩，成为全球第一大茶叶品牌。立顿的成功并非单指其市场占有率高，而是它构建了一个庞大的茶叶王国，让茶叶成为现代人社交的润滑剂，培养着人们高雅的生活情趣。

爱美是人之天性。早在先秦时期，爱美的女性就已经学会用各种各样的鲜花制作面脂、胭脂、口红等护肤品和化妆品。护肤品是女性日常支出中的重点项目。

雅诗·兰黛——雅诗兰黛公司的创始人，于 1946 年即创立了以她名字命名的护肤品牌。公司使用先进的科技手段进行产品研发，确保产品卓越的品质，再以独特的配方和高贵的女性形象提升产品品牌影响力，建立起一个全球化的美丽帝国，让女性有了护肤品选择标准，自信地展现美丽与优雅。雅诗兰黛品牌今天已经深入人心，成为很多女性精神追求的一种体现。

自古以来，中国老百姓就有纳鞋底、做布鞋的习惯。老布鞋品牌内联升，清朝咸丰三年创立，店铺曾开在皇宫附近，是来华的各国使节、达官贵人都会买的鞋子，就连宣统皇帝登基时穿的龙靴都是内联升做好送进皇宫的。所以，内联升品牌的鞋子质量无可挑剔。新中国成立后，内联升被列入国家级非物质文化遗产名录，直至现在，内联升都是中国消费者最信任的布鞋品牌。内联升以鞋子为载体，展现了中华民族的匠心工艺和对传统文化的传承，提升了中华文化的国际影响力。

一个伟大的品牌就如同一个伟大的国家，守护着它的人民和消费

者。卓越的品牌不仅为大众提供可靠的产品和服务，还改善了人们的生活方式，提升了人们的生活质量。

虽然你不能参与开创一个"国家"，但你还有机会为人们创造一个品牌，让人们记得你和你创造的品牌，就像人们会记得乔布斯，也会记得乔布斯"改变世界"的理念以及乔布斯创造的"苹果"一样。

11 人生而不同，
但塑造品牌这件事情人人平等

> 虽然说条条大路通罗马，但有人一出生就在罗马。人出身不同，但在塑造品牌这件事上，人人平等。纵观商业历史，伟大的品牌大都是由草根出身的企业家创立的。

纵观商业世界的历史，你会发现，很多卓越的品牌通常都是由出身普通的人创立的。

风靡全球的辣酱品牌"老干妈"的创始人陶华碧的创业故事充满艰辛。

1947 年，陶华碧出生在贵州省一个人口众多的家庭。小时候，由于家庭贫穷，她经常饿得浑身发抖，结婚后，丈夫又不幸患重病去世，此时两个儿子还小，生活的重担都压在她身上。为了交得起孩子的学费，她只能摆地摊。她什么苦都能吃，什么罪都能受……

为了多赚点钱，1989 年，她在朋友的鼓励下开了一家"实惠饭店"专卖凉粉和凉面。此时，陶华碧已经 42 岁，她想：人生已经这么糟糕了，大不了失败了重来！

为了制作美味的凉粉和凉面，陶华碧用油炸出调味用的辣酱。因为辣酱好吃又不收钱，所以当地的一些学生和司机经常光顾，甚至连周边同行凉粉店的老板都托人从她那悄悄买辣酱。受此启发，陶华碧后来干脆把"实惠饭店"改名为"贵阳南明陶氏风味食品店"，专卖辣椒酱，经历近30年的风风雨雨，才有现在风靡世界的"老干妈"品牌。

著名运动品牌耐克，虽然只有48年历史，但其生产的鞋、衣服被各国消费者推崇，让耐克登上世界百强公司的宝座。耐克的主要创始人菲尔·奈特是一个从美国小镇走出来的青年，用500美元创办了这个世界知名品牌。

菲尔在大学毕业后进入日本"鬼冢虎"运动鞋公司参观，他被这家公司生产的精致舒适的运动鞋吸引，成为"鬼冢虎"在美国的代理商。当他向大学长跑教练展示鞋子时，教练提出可以合资开一家公司销售运动产品的想法。

他们缺乏资金，只好把车库当仓库兼办公室。当货品多到放不下时，他们就在舞厅附近选便宜的店。虽然舞厅发出的噪声常常会压过他们和顾客交谈的声音，但他们还是梦想有朝一日做出一个知名的运动品牌。当"鬼冢虎"的鞋子因为质量差被顾客退货后，他们决定只售卖自己团队设计的运动鞋，并将新公司改名为象征希望的"NIKE"。耐克品牌的辉煌并非来源于创始人具有先天的资源或条件。

再比如，"娃哈哈"的创始人宗庆后初中毕业后在农村待了十几年，33岁进入工农校办纸箱厂。此后10年，他背着工厂的产品在全国各地进行销售，直到42岁才自主创业。对于大多数人而言，42岁已经到了被生活折磨得筋疲力尽，把人生愿望寄托到下一代的年纪，宗庆后还是借了14万元开始创业。

宗庆后在没有背景，没有资源的情况下，创办了"娃哈哈"品牌。经过三年的发展，"娃哈哈"的产值突破亿元大关，后来的业绩持续高速增长。2013 年，"娃哈哈"就创下高达 783 亿元的营收纪录。宗庆后曾三度登上"福布斯中国内地富豪榜"首富的位置。

俗话说："三个木匠，三把剪刀"的职业不能做。为什么不能做？因为太苦太累。

"三个木匠"分别指泥瓦匠、木匠、铁匠，"三把剪刀"的职业指理发师手中的剃头刀、厨师手中的菜刀、裁缝手中的剪刀。从事这 6 种职业十分辛苦，而我们服务的几个著名品牌的创始人都和"三个木匠，三把剪刀"的出身有关。

红星美凯龙的创始人车建新的父亲是泥瓦匠。他从小受父亲的影响，16 岁初中毕业就去学手艺，原本他想当裁缝，但一台缝纫机要 100 多元，他买不起，木匠用的刨子、斧头才几十元，所以他选择了当一名木匠。

因为勤奋好学，一年后车建新成为了一名优秀的木匠。1986 年，20 岁的车建新就带出了 5 个徒弟，成为当地小有名气的木匠师傅，在常州成立了一个小作坊"红星家具"，靠着一把榔头、一把刨子、一把锯做家具。有一次，他陪小女儿去肯德基吃快餐时，受肯德基连锁经营方式的启发，他开始想"能不能尝试一下大卖场"，并把家具卖场变成连锁经营，于是有了现在的"红星美凯龙"。

大名鼎鼎的面条大王陈克明也是木匠出身。1969 年，17 岁的陈克明就在湖南南县的教育局基建队做木工，但在一次意外事故中，陈克明失去了食指和无名指，无法再正常使用木工工具，只能转行。

为了谋生，陈克明尝试了各种小生意，收过废品、摆过地摊，但生活都没有起色，直至在粮油店，他发现当地人宁愿用高价买外地的挂面，都不买当地生产的挂面，他想，如果把南县的挂面做好了，不失为一个商机。后来，陈克明自制面条设备，研究和面、制面、蒸面工艺，这些努力让陈克明的公司成为中国挂面行业最早的上市公司。

与"三把剪刀"出身相关的企业家——一对夫妻，他们毕业于中央美术学院服装设计专业，现在成为了"裁缝"。他们看到厨师穿的工作服材质差、不透气、易变形、缩水，干脆投身于服装制造行业，自己设计、生产厨师服，成为国内唯一一家把厨师服当作高级成衣品牌来运作的服装企业，他们创立的多米来厨师服畅销全世界，成为全球的领先品牌。

我的另一位学生吴其明，从 1988 年开始从事餐饮烹饪工作，他和大多数知名主厨的职业经历一样，经历了数年的初级配菜工作，在多年勤学苦练、努力钻研之后，逐渐成长为一名优秀的厨师长，乃至行政总厨，过程中充满艰辛。2003 年，随着非典疫情的到来，餐饮行业受到冲击，他就思考：有没有另一种新的更高效的运营模式来服务餐饮行业，让厨师轻松做出一盘盘好菜。于是，吴其明从厨师的身份变成"亚明食品"的创始人，提前布局酒店速冻菜肴。2008 年，亚明食品公司研发出第一款爆品——"梦 8 金牌骨"，一经推出便经久不衰，十多年来销售数十亿元。

赞伯公司服务的另一个品牌"蓝海酒店"的创始人叫张春良，职业也是厨师出身，29 岁的时候身为东营市东营区西城宾馆酒店经理，他敏锐地发现计划经济下的新经营模式更适合未来的发展，于是他决定对酒店进行改造，开风气之先，设置舞厅、保龄球馆、日式餐厅、啤酒屋等。这一系列改造顺应了市场需求，酒店的生意变得火爆起来。他还把酒店的餐厅改造成以生猛海鲜为特色的粤式风格餐厅，西城宾馆也成为东营最早引进纯正粤菜的酒店之一，因为"美食美居"的概念和服务，蝉联中国餐饮业"金马奖"。后来，他开创了中国的"蓝海酒店"品牌，今天已经发展成为拥有一百多家星级酒店的品牌集团。

这些知名品牌的成功并非源于创始人有什么强大的背景或丰富的资源。他们都是普通人，往往都是从一无所有开始的，创业过程充满了迷茫和恐惧，支持他们成功的是创立品牌的信念和勇气。

建设品牌这件事，对于每一位企业家来讲，即便是一个刚刚创业的年轻人，都是一次公平竞争的机会。

创建品牌，可以是产品品牌，也可以单位品牌，还可以是个人品牌，比如，张艺谋是文化品牌，董宇辉是直播达人品牌。单从董宇辉的家境来看，董宇辉是一个朴实的农民家庭出身的孩子，毫无背景，虽没有任何资金和资源，却可以通过在直播间卖货时讲的古诗词、不经意间脱口而出的英语单词和人生哲理提升他的人格魅力，获得网友们的认可。

一个人出生在哪，家境如何，只要他身处真实的世界，对人间烟火和大众需求具有天生的敏感性，就有可能在做品牌这件事情上取得成功。

创造出知名品牌的企业家，都需要伟大的情怀和对芸芸众生的慈悲之心。

"特斯拉"的创始人马斯克之所以被称为全球著名的企业家、令人尊敬的商业领袖，不完全是因为他挣了很多钱，更在于他所有的创业动机都来源于普罗大众的需求。

马斯克创办了全球最早的电子支付公司之一 PayPal，为数百万人提供了方便快捷的支付方式；一家太空探索公司 SpaceX，通过重复利用火箭和航天器的技术，降低太空探索的成本；一家电动汽车公司特斯拉，以高性能和环保为卖点，还把技术向全球公开，促进电动汽车行业的高速发展。

我们再来看看现在年轻人喜欢的李宁品牌是怎么被创造出来的。

李宁是获得 106 枚金牌的"体操王子"。退役后的李宁看到中国没有专业的运动品牌，市场上充斥着各种低质量、低价格、低档次的运动产品，导致中国的运动员只能买国外的产品。他产生了创造一个属于中国人自己的运动品牌的想法，于是创办了李宁运动品牌。现在已经成为中国最具影响力的体育品牌之一，在国际市场上广受好评。

公牛电器的创始人阮立平出生在慈溪的一个农民家庭，他从小刻苦学习并以优异的成绩考进武汉水利电力学院，毕业后被分配到杭州水电机械厂，做着"铁饭碗"的工作。

当他发现当年市场上生产的插座质量参差不齐，安全事故频发时，毅然决定放弃"铁饭碗"，与弟弟创办了"公牛电器"企业，坚持用高成本生产"用不坏"的插座，解决安全问题，于是有了现在市场上备受欢迎的公牛安全插座品牌。

"鲁花"的创始人孙孟全出生于山东烟台，高中毕业后来到山东莱阳的一个物资站工作，33 岁晋升为物资站站长。当他决定向农产品深加工领域发展时，发现市场上的花生油大多采用土法压榨的方式，看起来天然却存在很多健康隐患。孙孟全希望为中国人生产健康、安全的花生油，于是有了鲁花品牌的诞生。

塑造品牌，需要企业家有高尚的情怀和强烈的使命感，以普罗大众的需求为出发点和立足点。

虽然人生而不同，有人在罗马，有人在县城，还有人在农村，但塑造品牌这件事，人人都平等，只要你具备一定的使命感，就有成功的可能。

12 品牌是来"度人"的

> 品牌的内核，就是把有形的产品和无形的精神内涵结合到一起。消费者在使用产品具体功能的同时，也实现了精神层面的提升。

在电影《神奇燕尾服》中，成龙饰演的出租车司机吉米·唐很自卑。他的上司告诉吉米拥有自信的方法是"百分之九十靠衣服"。吉米很奇怪地问："那剩下百分之十呢？"

上司说："百分之十在心里。这你可不缺！"

一个人的自信，除了源自内心的坚韧与力量，还有服饰的装点。衣着是一个人内在世界的显化，会成为外界评判最直接的依据，对个人留给他人的第一印象产生重大的影响。什么样的衣服可以快速帮人提升自信呢？

一、品牌给予消费者自信心

如果一条是在街边服装店买的没有品牌的裙子，另一件是"香奈儿"品牌的裙子，即便它们颜色、风格、材质、款式都相似，但只要消费者穿上香奈儿品牌的黑色裙子，就会被香奈儿对外传达的"独立、自信、时尚"的精神所感染，产生认同，变得更加优雅、独立、自信，充满魅力。如果只穿一条普通的没有品牌的黑色裙子，就不容易产生类似的价值认同。

再比如鞋子，穿一双"耐克"的鞋子和一双没有品牌的鞋子，消费者就会有两种截然不同的心理体验。选择"耐克"鞋子的消费者可能会被品牌赋予力量，像品牌本身传达的"Just do it"（勇往直前）一样，勇敢面对挑战，热血沸腾有士气。没有任何品牌的鞋子，除了保护脚不受到伤害等基本功能外，很少在精神方面给消费者加持和鼓舞。

"品牌"的存在，相当于把有形的产品和无形的精神内涵融合在一起，给予每一件产品更高的价值，也给每一个消费它的人以精神上的鼓舞。"品牌"的加持，可以让不同身份和地位的消费者在使用产品时，从心理上找到归属感，所以"品牌"可以将一个人瞬间"塑造"成另一个更具人格魅力的人。

二、品牌给予消费者一个全新的精神世界

卓越"品牌"往往可以使消费者从精神上得到某种启示，构建一个积极向上的精神世界。比如，当消费者感到不开心或是需要欢乐的气氛时，就可能会喝可口可乐，通过饮用可口可乐获得激情和快乐。

当一个人感觉自己的运气不够好时，就会喝"人头马 XO"。因为它告诉消费者"人头马一开，好运自然来"，让觉得时运不佳的人找到一个可以化解情绪的渠道，希望品牌为自己带来"好运"。

当年轻人想要表达爱，但因为害羞无法轻易把爱说出口的时候，"哈根达斯"说"爱她就带她吃哈根达斯"，饱含着"喜欢""爱""宠爱"的情感，成为年轻消费者表达"爱"的工媒介，让自己和对方都

能瞬间感受到美好与幸福。

所以，伟大的品牌都承载着消费者一定的精神追求，满足他们的一部分精神需要。

三、品牌的终极目的是让消费者感受到幸福

让自己变得更好，这是人类世界共同的主题之一，但怎么做，生命才能更有力量？人生才能更幸福？

教育和科技往往是比较理性的，但品牌常常是温暖的，给予消费者信心，给予他们幸福感。

比如"小米"的粉丝中很多是热衷于追求高性能、低价格手机的"技术宅"和"发烧友"；而"华为"的粉丝多数是热衷于追求最新科技和最高配置的商务群体；"苹果"手机的粉丝则更多是乐于拥抱新科技带来的变革，追求时尚和注重品牌的高端人群。

虽然各品牌的粉丝群体画像不同，但品牌给予粉丝群体的正向精神力量是类似的。"小米"说："小米，让科技更亲民！""华为"则说："华为，让世界更加智能。""苹果"手机说："再一次，改变一切。"其本质都在通过品牌为消费者塑造信心，让消费者感受到科技带来的便捷与魅力。

"可口可乐"在全球的消费者主要是年轻人，包括学生、白领。"百事可乐"为了从竞争中胜出，提出了"年轻新一代的选择"的口号，但无论是"可口可乐"还是"百事可乐"，都在向全世界的消费者传递快乐与激情，鼓励人们积极、乐观、向上的生活态度。

在中国，"茅台"吸引了追求高品质的富裕阶层消费者。喜欢喝

"五粮液"和喜欢喝"洋河"的也都是不同的消费人群。虽然人群不同，但无论是"茅台"的"至尊享受，不可替代"，还是"五粮液"的"品味尊贵，享受品质"，或是"洋河"的"洋河蓝色经典，共享美好生活"，本质上都在通过品牌向消费者传递"品质生活""美的生活方式"的理念，矢志不渝地满足消费者对美好生活的向往和追求。

人类世界离不开电，但用电就有各种安全隐患。公牛电器生产的插座从技术研发方面做到"安全"，提出"公牛安全插座"的口号，不再让消费者在用电的时候担惊受怕，给予消费者一种生活更安全的美好感觉。

每一个家庭都离不开食用油，但没有谁会希望自己吃的油不健康。"鲁花"生产的花生油用 5S 物理压榨技术去除黄曲霉素，满足消费者"吃好油，吃香油，吃健康的油"的需求，让每一个家庭都能做出健康的菜、好吃的饭，享受美好的用餐时刻。

东阿阿胶也并非只是一种养生产品，对女性消费者而言，东阿阿胶补血、养颜的作用是为了让女性消费者的气色更好，状态更年轻，最终给予女性消费者的是自信、快乐的精神价值。

不同的品牌给予消费者精神层面的不同寄托，成为消费者心智中的精神灯塔，让他们在消费的时候除了得到功能价值的满足，还可以找到乐趣与自信。品牌在一定程度上推动着整个人类社会精神文明的前进。

商业案例四　**构建第一的品牌山脉**
　　　　　　　　——公牛电器品牌的底层逻辑

2020 年 2 月 6 日，公牛集团在上海证券交易所正式挂牌上市，10 天内市值突破 1000 亿元。

2024 年 4 月 26 日，"宁波创业创新风云榜"揭晓，公牛集团荣膺 6 项殊荣。

公牛集团一举揽下了"2023 年度宁波上市公司 20 强"第 1 名，"宁波市工业企业亩均效益领跑者 20 强"第 4 名，"宁波市企业纳税 20 强"第 12 名，"第 24 届中国专利奖企业"等多项殊荣，彰显了公牛电器强劲的发展实力。

宁波每年发布的创业创新风云榜不可小觑，它是彰显中国制造业全球竞争力的风向标，因为宁波人被称为"中国的犹太人"。这里企业家的创新创造精神、勇立潮头的勇气在华人世界位于前列。所以，宁波诞生了一个又一个顶尖的企业，比如方太、万华化学、博威合金、吉利控股、杉杉集团、奥克斯集团等。

在这次的颁奖典礼上，公牛集团董事长兼总裁阮立平上台发言，分享公牛发展的经验。他说："在战略上，公牛在不同时期都牢牢抓住了经济和行业发展的趋势，未雨绸缪，提前布局新的业务赛道。"

所谓战略，就是布局，而布局需要的是远见。只有"见的远"才能走得远。用什么"见"？用眼睛是看不清楚的。企业的战略犹如在黑夜里赶路，你只能用心看，用心感受环境的变化，用心洞察趋势的变化，这就需要企业家具有洞察事物的本质、感受周期的变化以及提前布局这三大能力。

因为经济的发展有周期性，对企业的稳定发展带来了很大的挑战，所以企业家只有洞察技术和产业发展的机会，提前布局新的业务，不断构建新的成长曲线，才能形成现金流业务。公牛电器在这方面做得很好，从早期的插座业务到墙壁开关业务，再进入智能家居照明和新能源充电桩等业务，不断形成新的业务增长点。

另外，在前期选好赛道的基础上，企业要在产品、营销、品牌方面获取连续的优势。

"连续领先的优势"是所有企业家都渴望但又很难实现的愿望。难就难在"领先"，"还要连续领先"。要想实现这一点，企业就要做好两方面的工作：内部做好产品创新，外部要做好品牌创新。所以公牛在产品创新上研发出一大批创新性的产品，比如深受消费者喜爱的轨道插座、智能无主灯、公牛 MOS 智能系统等。

在营销端，公牛电器创造性地采用配送的营销模式，让"坐商"真正地转变为"行商""服务商"，并以此建立覆盖全国城乡的服务网点，让公牛电器的产品覆盖千家万户。

在品牌端，公牛电器首创大规模广告推广的模式，制作超过30万块的店招广告，使得公牛电器品牌的形象遍布大街小巷，成为家喻户晓的国民品牌。

作为公牛电器品牌营销的合作伙伴，赞伯公司为公牛电器今天取得的成就感到由衷的高兴。公牛电器董事长阮立平的战略布局能力和创新理念在中国企业家群体中都是出类拔萃的。

我和阮立平董事长的情谊和合作缘分始于早年在北京的一次交流。他向我介绍了公牛电器当时的经营状况。我们探讨如何突破竞争的问题时，他说："路老师，我们现在是前有狼，后有虎，中间还有一群小老鼠。"

很多中小型企业模仿公牛电器的插座，从外形到颜色，从渠道到宣传，用低价格和公牛竞争。当时一些很知名的企业也在做插座，比如西门子、松下、TCL 也都在开展插座业务。

当时的公牛电器与西门子、松下等国际企业相比，品牌缺乏知名度；与那些跟随型的中小型企业相比，价格又没有优势。公牛电器如何在竞争中突围，构建自己的品牌优势？这也是阮立平来北京找我们合作的原因。

品牌是什么？品牌是商海中的灯塔，给消费者选择产品时指明方向，是消费者选择产品时的依据，所以，品牌是企业产品价值的凸显，而非价格的让步。

赞伯公司承接了公牛电器品牌营销的任务之后，组建了专家团队，对行业、市场、消费者和企业内部做了 4 大方面的调研。在调研过程中，有 4 个场景给赞伯的专家们很大的启发：

场景一：一位女士在销售终端指明要购买公牛电器的插座，但推销员给她拿的是更便宜的其他品牌插座，告诉她公牛电器的插座贵，但那位女士仍然坚持购买公牛电器的插座。调研人员问她："为什么？"

她说："接电源吃火锅，公牛的插座 6 小时都不发热，其他品牌的插座都发热，一发热我就感到恐惧。"

场景二：一位经销商到公牛电器的工厂提货。调研人员问他："公牛电器的插座好卖吗？"

他说："好卖，但比较贵。"

调研人员问："为什么贵还喜欢买公牛电器的插座？"

他说："公牛电器的插座结实。"

调研人员接着问："怎么体现结实？"

他说："放到火里烧半小时也烧不坏。"

场景三：调研人员在某个宾馆看到一位清洁工在用吸尘器清理地毯的时候，她都远远地避开墙壁开关。调研人员问她："为什么离那么远？"

她说："开关有电。"

场景四：一位男士来买插座，他拿了几个不同品牌的插座和插头反复插拔几次，最后选择了公牛插座。调研人员好奇地问他："你试了几次，实验出了什么结果？"

他说："只有公牛的插座和插头插拔的时候不产生火花。这种插座往往不漏电。"

回到公牛电器，调研人员和阮立平董事长提到这几个场景时问他："为什么用公牛电器的插座接电源吃火锅，在大功率通电的情况下，插座也不发热？"

他回答："我们在电缆中多加了一根铜丝线。"

学过物理的人就能明白电源线不发热的原理：多加一根铜丝线，导电面积增加，电阻小，发热面积小。

"为什么公牛电器的插座不漏电呢？"

他说："公牛电器采用的是新型的啮合装置。新型的合金，结构严密，还能有效防止电弧产生。每次插拔，插孔不会过紧也不会过松，所以经常插拔也不会漏电。"

"那为什么公牛电器的插座外壳燃烧不起来呢？"阮立平董事长继续介绍："公牛电器的外壳使用650摄氏度的耐高温防火材料，不是普通的塑料壳，所以不容易燃烧。"

公牛插座高质量特点的背后是企业在材料选择、设计制造方面投入了更多的成本和更高水平的研发所成就的。

如何将企业的工业制造优势转化为消费者瞬间就能理解的价值认知是营销专家的任务。公牛插座的与众不同怎么用最简单直接的一句话或一个词语表达出来？

这个词就是"安全"！

消费者购买插座是为了实现电的连接，而电在人们的心目中，自始至终都具有危险性。所以，我们在很多场合都能看到明显的"当心触电"的符号。公牛电器在插座上的用料和设计制造就是为了让人们在用电中得到安全保障。这也是阮立平创建公牛电器的初心："做一个用不坏的插座"。

于是，公牛电器代表"安全"，公牛插座就是"安全插座"。这就找到了公牛品牌的价值内核——安全！

于是，就有了后来家喻户晓的公牛品牌价值："公牛插座，保护电器，保护人！"（见图4-1）

图4-1　公牛电器品牌价值

　　有了品牌的内核和诉求后，品牌建设工程还没有结束。人们想知道公牛插座是怎么"保护电器，保护人"的，以及具体的技术、工艺和价值的支撑点是什么？

　　将公牛电器的工艺制造特点转化为消费者能听明白的语言就是，给公牛插座穿上三重安全防护的衣服：

　　第一重安全防护装置：低阻减热，365 天通电，低温不发热。

　　第二重安全防护装置：立体啮合，5000 次插拔不松动，所以不漏电。

　　第三重安全防护装置：双向阻燃，650 摄氏度高温防火，不起火。

　　这三重防护构建了插座的防火标准，于是就有了包装上面的"3

重防护甲，安全 +++”的三重防护标识（见图 4-2）**的表达。在此基础上，公牛电器完成了品牌标识和产品包装的升级**（见图 4-3）**。**

图 4-2　公牛电器三重防护标识

在品牌塑造的同时，赞伯专家团队对公牛电器的营销进行全面整合，包括市场布局、渠道整合、销售模式升级、终端展示和营销组织变革等。

我们把公牛电器的品牌形象从国内市场全面推向国际市场。无论外包装（见图 4-3）还是终端店面（见图 4-4）的展示都焕然一新，从形象上全面提升产品的价值，使公牛电器的品牌形象直接屹立于行业的高端位置。

图 4-3　公牛电器产品包装升级

图 4-4　公牛电器终端店面设计图

阮立平董事长在品牌建设和营销驱动上展现出与众不同的规划力和行动力。整套营销方案投入市场并经受住了市场的考验，公牛电器已成为家喻户晓的知名大品牌。

今天，公牛电器已经从"插座第一"走向了"开关第一"，从照明冲顶到智能家居生态布局，从新能源充电桩到人形机器人布局。公牛电器代表"安全"的价值认知已深入人心。品牌塑造为公牛电器构建了强有力的竞争护城河。这为公牛电器实现可持续的跨越式增长打下了牢固的基础。

阮立平董事长表示，未来公牛电器将继续秉持专业、专注、走远路的经营理念，为"努力成为国际民营电工行业领导者"的愿景不懈奋斗。

第五章

品牌两极法则——要么"第一"，要么"唯一"

"第一"和"唯一"，既是一种战略，也是一种策略；既是企业成长的根基，也是企业汲取营养的源泉。它不仅仅是企业成功的需要，更是企业生存的需要。全力以赴争夺"第一"，做不了"第一"就做"唯一"。

13 "第一"或"唯一"是企业长期生存的需要

> 竞争战略的最直接目标是争夺"第一"，但如果你实在做不了"第一"，就做"唯一"！只有"第一"和"唯一"两种情况具有关键竞争力。如果你是"第二""第三"，就会随时被别人复制或取代。

只有两种情况具有"关键竞争力"。

如果你的营销有关键竞争力，那么你就可以长久地赚大钱。如果你的营销没有关键竞争力，那么就什么都不是。

营销真的有关键竞争力吗？

看看那些卓越的企业，你就会发现答案是肯定的。那些没能在竞争中立于不败之地的企业，大多数是因为缺少这种内在的力量。这种力量一旦拥有，你就会发现其他的策略都是小儿科。

营销关键竞争力，是企业屹立于市场的不可复制的内在力量。

那么什么东西是不可复制的，是不可取代的？

只有两种情况是不可被复制和不可被取代的，要么"第一"，要么"唯一"。这就是最高的营销诀窍。

在看似不可能中建立可能，在看似平等的位置创造"第一"，在同质化中构建"唯一"。

你要坚信：总有一种方法构建"第一"。如果你实在做不了"第一"，那也无妨，那就做"唯一"。

很少有人会记得亚军，但大多数会记得冠军！

我问你们，世界上最高的山峰是哪一座？

珠穆朗玛峰。

世界上第二高的山峰是哪一座？

好像想不到……是乔戈里峰。

第一个进入太空飞行的人是谁？

是加加林。

第二个你知道是谁吗？

好像记不清了……

当我问"第二个是谁的时候"很多人都会无法给出答案。这充分验证了人们更容易记得冠军的事实。

所以企业在市场上参与竞争的终极目标是胜出，是成为"第一"！

有些企业家说："虽然我没有成为'第一'，但我成为了行业'老二'，行业'老三'，赚得盆满钵满，不愁吃不愁穿，产品销量很好，不是也很厉害吗？"

还有些企业家说："虽然我不是行业'第一'，但作为小众品牌，拥有一大批的忠实粉丝，在我们的圈子里非常受欢迎，觉得也挺开心的。"

"第一"和"第二"相差的不仅是认知,更是市场占有率!

国外有营销学者做过研究发现:普通消费者能记住的品牌最大阶梯数是"7"。事实上,人们对非日常消费品品牌的认知仅仅只有 1 个,就像人们只能记住冠军、记不住亚军一样。

你可能会说:"我就是没办法做到'第一'怎么办?难道我就不做企业了?"

做"唯一"!

从某个角度找到你的产品的差异性,然后强化这种差异。当这种差异被强化到一定程度,就在消费者心智中形成了"唯一"性。比如海飞丝洗发水的"去头屑",飘柔洗发水的"柔顺",宝马的"驾驶乐趣",沃尔沃的"安全"。

14　高手一出手就要"第一"

> 真正的高手一出手就是"第一",第一种"第一"是从消费者的心智上占有广泛的"第一"。第二种"第一"是从一个"第一"走向另外一个"第一",从局部小"第一"走向局部大"第一"!

如消费者在购买空调的时候,会先想到格力;

在买洗发水的时候,会先想到海飞丝;

在买运动鞋的时候,会先想到耐克;

在买肥皂的时候,会先想到舒肤佳;

在买汽车的时候,会先想到奔驰……

排在第二梯队的品牌,很少优先出现在用户的脑海里。

因为大脑对于事物的记忆都是有排序的。第一个进入大脑的品牌或人物将排在最前面,在消费者决策、购物时会首要考虑。第二个将成为次选,第三个、第四个等将有序地排在更次要的位置。就像人们常说的,**无论初恋结局如何,人们通常都会念念不忘很多年,不在于初恋对你是不是足够好,而在于他的出场顺序占据了"第一"的位次。**

在商业世界里,只要你是行业"第二",就意味着你无法成为灯塔。因为高度有限,照亮的幅度就有限,影响的范围小,产生的势能小，就无法影响消费者的消费行为，除非你花费更多的广告费才有可能让别人记住你、选择你。

相关研究数据表明：排名在第一位的品牌，市场占有率长期比排名第二位的要多出一倍，而第二位又比第三位的市场占有率多出一倍，这种市场结构一旦形成，就会成为稳定的、长期的市场竞争格局。

由此可见，品牌运作的终极目的就是提升自己在消费者心目中的位次。谁占据更高的位置，谁就更具有竞争力，谁就更能影响消费者的购买行为。所以，每个品牌都要想办法在顾客心中打造"一出手就是第一"的印象。

在消费者心智中排名第一，通常体现在两个方面。

一、品类第一

品类第一，是占领消费者心智的第一。

为什么提到火锅，消费者就会先想到"东来顺"？提到矿泉水就会先想到"娃哈哈"？提到包包就会先想到"爱马仕"？提到手机就会先想到"苹果"？

因为它们都完成了品类认知，在顾客的心智中占有最重要的位置，比如"特斯拉"＝新能源汽车，"鲁花"＝花生油，"公牛"＝安全插座，"东阿"＝阿胶！

对消费者来说，在不同行业品牌的不同品类中，谁排在第一位，他们就能记得住谁。一个大品类通常只有一次机会。消费者心智一旦被某品牌占领，新品牌想要取而代之，成功性微乎其微。

以中国的白酒业为例，各大酒企品牌一直在争夺该品类第一的消费者心智。"茅台"说自己是"酱香型白酒"的老大,"五粮液"说自己是"浓香型"白酒的代表,"汾酒"说自己是"清香型"的代表品牌。

某企业想做酱香型白酒第二,所以在央视曾推出"中国两大酱香白酒之一"的广告语。它成功了吗?没有。人们会反问:那"第一"是谁?这种广告有很大一部分是在替竞争对手宣传,甚至有人认为它是为"茅台"做了嫁衣。

"可口可乐"是碳酸饮料的代名词,后来者即便是"百事可乐",业绩也无法与"可口可乐"媲美。其他的饮料品牌要避开"可口可乐"的锋芒:"红牛"成为了功能性饮料的代名词,"王老吉"成为凉茶饮料的代名词,"椰树"成为了椰汁饮料的代名词,"汇源"成为了果汁的代名词。

当一个品牌占据了相应的品类资源,在用户心中形成了强大的心智认知后,用户在购买相应的品类时,就会把排在品类第一位的品牌作为首选,这也是"品类第一"会给品牌带来的最大好处:可以让消费者自然而然地选择自己。所以成功地占据品类第一是每一个企业、每一个品牌都极其重要的发展策略。

二、市场第一

第二个"第一"的概念,是指在某一个市场上占据一定的市场份额,成为行业老大。

举个例子:给你 500 万元本钱做生意,在北京投资,营业额达到 5000 万元,但在北京只能排名到第六位;同样 500 万元在河南的某个地级市做生意,营业额达到 5000 万元,排名到第一位。

你会如何选择？有人会说，当然要选北京。虽然现在在北京是第六位，但北京的整体市场规模更大，我一定可以成为第五、第四、第三、第二直到成为第一。

但我想说的是，这种概率虽然有，但成功的机会很渺茫。因为你前面的那些竞争对手不会给你机会成长，一定会想办法把你赶出北京市场，到时候你就会一无所有。

在河南的某个地级市发展，虽然市场规模小，但你已经成为第一，拥有的成功经验和渠道资源、经销商资源、人力资源、政府资源等都可以再次利用，帮你成为另一个市场的"第一"。

所以，高手一出手，绝对不是从第十、第九……到第一。他是一出手就是第一，从一个"第一"走向另一个"第一"，从局部第一走向世界第一。

怎么判断在一个市场有没有成为第一？

在某个局部市场，你占有的行业市场份额达到20%及以上，这叫作第一品牌！

我们服务过的很多企业都是在行业中占有20%以上的市场份额，成为行业第一。

比如飞鹤劳保鞋，专注于生产劳动者劳动防护用品，平均每年生产"飞鹤牌"系列工矿、民用胶靴600万双，市场占有率达70%以上，成为行业第一。

再比如青竹画材，一家可以引领健康画材时代的企业，推出无甲醛丙烯颜料、国画颜料、水彩颜料、陶瓷画颜料等30大类、共1900多个品种的健康画材，占有全国40.29%的市场份额。

品牌首先争夺的是地位。真正厉害的人，要么是做认知第一，要么是市场第一，只有"第一"才容易被记住，才能占有更高的市场份额，才能成为世界级大品牌。

15   高度构建"第一"

> 高度促使资源快速汇聚，有效屏蔽对手，同时低成本快速激活产业链。高度所创造的不公平（竞争）是商业社会最大的不公平（竞争力）。
>
> 竞争的最终指向——争"第一"。这是商业世界的竞争法则。

因为品牌在消费者的心中分层级，**所以，品牌运作的所有指向就是提升其在消费者心目中的位次。位次越高，越能得到消费者的青睐。最高的位次就是"第一"，全力以赴争第一**，这不仅是商业世界的竞争法则，也是所有体育竞技和军事战略的最高法则。

当品牌在消费者心智中处于较高的位置时，相对处于较低位置的品牌，它所获得的竞争优势是巨大的，甚至是决定性的。

一、高度促使资源快速汇聚

无论是人力资源还是政府资源，都会首先向高位阶品牌倾斜，尤其是向大众心目中的第一品牌倾斜。在其他条件均等的情况下，或者哪怕待遇相对低一点的情况下，人才也首先会向第一品牌倾斜。人们总是觉得第一品牌的风景最好，那里更有发展机会，这个企业可能更有发展前途。人们也可能觉得第一品牌一定更有实力，在那里工作一定更稳定，工作强度也可能不大。所以，第一品牌往往能获取社会上最好的人力资源。**第一品牌获得人力资源的成本并不比第二或第三品牌高，相反，它的人力资源成本可能最低。这就是高度所产生的仰望效果。**

社会和政府资源同样会向处在顶端位置的品牌倾斜。各地方政府总是想把第一品牌吸引到当地投资。他们希望在本地区的环境中形成第一品牌投资所带来的标杆效益。人力资源的情况也同样如此。一个人才，为了到第一品牌的企业工作，可以接受相对低的工资，假如到不知名的企业去工作，他可能要更多的工资。

二、低成本快速激活产业链

企业运作离不开上游生产资料的供给和下游的产品流通。处在不同位阶的品牌所获得的上下游产业链的成本相差巨大。无论企业以什么样的形式和上下游合作，产业链各环节对不同位阶品牌的回应也是相差巨大的。

无论是设备供应商还是产品供应商都会优先选择为第一品牌供货。为了获取第一品牌的订单，这些企业在产品价格、账期、产品品质、售后服务等方面都会给最高位置的品牌最大的优惠。有时，强势品牌企业可以在半年或一年后才给上游供应商付款。

金融资源同样倾斜于第一品牌。一般情况下，大品牌获得银行的支持是非常容易的。银行总是认为大品牌企业更安全可靠，哪怕利息低一点，也愿意和它们做生意。银行甚至围绕大品牌提供贴心的服务。处在位次较低的小品牌要想获得银行支持则困难重重。

产品生产出来之后，总是要输送到最终用户手中的。企业一般要依靠众多的经销商、代理商、分销商、卖场等渠道实现产品的流动。企业获得下游渠道资源的支持是营销中的重要环节。不同位次的品牌所获得的下游的支持也是不一样的。经销商会因为企业产品是大品牌而先付款、后拿货，甚至于很早就把货款打过来排队，一切销售行为按照大品牌企业的要求执行。终端卖场也会为大品牌产品的进入提供各种进店优惠、提供好的商场位置等。而处在位次较低的小品牌则情况可能相反。它们可能要先给经销商发货，承诺无条件退货，缴纳昂贵的进店费用，账期往往比较长。

这就是为什么处在高位阶品牌可以低成本占用各种社会资源、有效激活产业链的道理。

三、有效屏蔽对手

在消费者心中处于高位的品牌，会凭借其在消费者心目中的高度优势打压低层次的品牌，这就如同森林中的一棵大树将它周围的一些小树屏蔽掉一样。人们面对一片森林，首先看到的是森林中那些最高的树木，而很少有人真正关注那些低矮的树木。当人们回忆自己曾经到过的森林或山群，记住了什么？

如果测试一下消费者对某类产品品牌的记忆，结果会是什么？他们最容易想到的是处在位阶最高的品牌，而很少有人想到排名第五位以后的品牌。

四、高位者拥有主动权

在竞争中，位次高者总是处在主动的位置。主动者总是容易调动一切资源对竞争者展开攻击。它获得这些资源相对于低位次者成本要低得多。也就是说，它处于掌控局面的位置。而那些处于低位次的品牌则处于被动应对的境地。

攻方出牌，守方应对；

攻方主动攻击，守方被迫应对；

攻方给守方制造困难，而守方要摆脱困境；

攻方可以犯一些错误，而守方哪怕犯一点点小错误都可能全军覆没。

在战争中，军队的双方总是为抢占最高点而不惜一切代价，因为占据了最高点就具有了高度优势。这个优势不仅仅是地理位置所形成的优势，更重要的是在己方形成俯瞰的心理优势。这个心理优势是自信的优势，是行动坚决的优势；而在较低位置的一方则处于心理卑微的劣势，这个心理劣势会带来自信心的不足和对未来的忧虑。

在日常生活中，高度所创造的优势比比皆是。个子高的人总是更受人青睐。这就是中国人所说的"一高遮百丑"。人们会保护有高度的树木，却容易践踏低矮的小草。低矮者要想出人头地，必须在其他方面做得更出众或更勤奋努力。

五、高度形成标准

第一品牌是什么？在消费者心目中第一品牌就代表标准，就像可口可乐一旦形成一种口味"标准"，任何其他的可乐要想获得市场认同都必须向这个口味靠拢，否则人们就说你不是可乐。一旦海尔在中国人心目中成为了该品类的第一品牌，其他家电的服务就必须向海尔的服务标准靠拢。一旦中国国际航空公司在乘客心目中形成了中国航空第一品牌的印象，国内其他航空公司的服务标准就不得不向中国国际航空公司靠拢。一旦某个国家在全世界人民心目中形成了最发达国家的印象，其他国家各种运行系统也不得不向它靠拢。

社会大众总是对标准者本身充满信任，即使后来者通过艰辛的努力达到了第一品牌的标准，甚至已经超越了第一品牌，消费者也很少会对后者产生足够的信任。它们总是将后来者和第一品牌进行对比，而比来比去，后来者总是吃亏。

商业的本质是什么呢？商业的本质就是"不公平"。利润本身就是不公平的产物。如果公正公平，就不应该有利润。**而位次高度所创造的不公平是商业社会最大的不公平。这个不公平导致了财富的高速汇聚。**这就是品牌高度的本质。所以，品牌运作的本质方向之一就是全力以赴争夺在消费者心中的最高位置，其他运作应该为提升品牌的位次这一主线而服务。

这就是高度的智慧与智慧的高度！

这就是第一的力量与力量的第一！

16 角度构建"唯一"

从某一角度将产品的某一差异放大！放大！再放大！重复！重复！再重复！

当这个差异被放大到一定程度，就在消费者心智中产生了质变，形成了产品的"唯一性"！

那些著名品牌是如何通过恰当的角度来实现消费者品牌认知的呢？

当消费者想到"海飞丝"这瓶洗发水，消费者想到什么？ 消费者想到的是"去头屑"。

难道你用别的品牌的洗发水洗头不去头屑吗？

但是，由于海飞丝总是在传播"去头屑，去头屑"，时间长了你就觉得"好像只有海飞丝去头屑"。"去头屑"和"海飞丝"已经牢牢地联系在一起，并且已经在你的心智中形成清晰的认识。于是你有了头屑就想到了去买"海飞丝"，逐渐就将"海飞丝"买"大"了。

当你想到"飘柔"这瓶洗发水会联想到什么？ 想到了"柔顺"！

难道你用别的洗发水洗头，头发立起来了吗？实际上头发也是柔顺。但是"飘柔"持续不断地传播"柔顺、柔顺"，于是你记住了"柔顺"，好像只有"飘柔"能让头发"柔顺"，于是你想要头发柔顺就去买"飘柔",逐渐将"飘柔"买"大"了。

你想到"舒肤佳"香皂你联想到了什么？ 你联想到了"除菌"！

医院大夫都用什么洗手？绝大多数大夫都用肥皂。难道他们买不起香皂吗？

由于"舒肤佳"总是做这样的广告：两个"圆圈"中都充满细菌，用别的香皂一擦，还留了一半的细菌在爬，用舒肤佳香皂一擦，只剩几个细菌在爬。这种广告不断传播，消费者认为好像只有"舒肤佳"是最除菌的，所以消费者想要除菌就想到了买"舒肤佳"。

我们再来看看几款世界顶级轿车的品牌是通过什么角度来阐述的。

轿车的功能是什么？ 是代步。但没有一家轿车品牌这样做广告："我这个牌子的轿车好，能够把你从北京拉到上海。"

我们来看看"宝马"卖什么？ "宝马"卖的是速度。所谓"驾驶的乐趣"，就是开上"宝马"之后具有的畅快淋漓的驾驶速度！所以"宝马"有一句广告语："听，风声！"

坐拖拉机也有风声啊！可是这句话你没有说出来，被宝马说出来，就显得"宝马"不一样。"宝马"就代表了世界上顶级速度的轿车。

"宝马"卖的是"前座位"。它是卖给喜欢开车的人玩的，卖的是"驾驶的乐趣"！

"前座位"被卖掉了，那"奔驰"卖哪儿？ "奔驰"只能卖"后座位"。

"奔驰"说："我这个车是卖给有激情和梦想的成功人士坐的，舒适、豪华、有品位。""奔驰"代表世界顶级舒适的轿车。这才有了那句"坐奔驰开宝马"。

"前座"被卖掉了，"后座"也被卖掉了，那"沃尔沃"卖哪儿？"沃尔沃"总不能卖后备厢吧！如果卖"后备厢"，那不就卖成了货车了！

"沃尔沃"调研发现有5%的成功者或有钱人特别惜命，于是就又有了"沃尔沃"卖"安全"。

由于沃尔沃总是传播"安全""安全"，搞得消费者逐渐形成这种认知：好像安全的轿车只有沃尔沃。

有一次，我坐沃尔沃车。司机把车开到超速，我心中有些紧张，对司机说："小伙子，你开得慢一点！我坐你的车有些紧张！"司机回答道："没事，路总，这车安全。"我笑笑对他说："你还真把'沃尔沃'的安全当真了。"

通过上述这些品牌的成功运作经验，我们能得出什么启示？

他们都是**从不同角度来阐释产品，使得他们的产品在消费者心中与众不同。他们找到了恰当的角度实现了与消费者的连接，这些角度凸显了产品与众不同的价值。**

"海飞丝"从"去头屑"的角度凸显海飞丝这瓶洗发水的与众不同，虽然它也有"柔顺"或"去油垢"的功效。这个角度锋利地划破混沌的洗发水市场，让海飞丝从众多洗发水中脱颖而出。

"潘婷"则从"营养头发"的角度赋予洗发水力量，尽管它毫无疑问地也同时具备"柔顺"和"去屑"的功效。

"宝马"轿车则选择前座位上"驾驶的乐趣"，亦即"速度"这一角度来昭示其"不凡"之处，虽然它同时具备了必需的"安全"系统。

"奔驰"轿车则选择后座位，从乘坐的角度来凸显乘车者"尊贵"。虽然"奔驰"毫无疑问地也具备了"速度"的乐趣和"安全"的性能。

而"沃尔沃"轿车则从生命宝贵的角度凸显这款车的"安全保障"性能。虽然"沃尔沃"同时也具备了"速度"和"面子"。

角度凸显了产品的"与众不同"。"与众不同"决定品牌的命运！这就是品牌角度的力量！从某一角度凸显产品差异，并将这一差异放大放大再放大，重复重复再重复。当这一差异被放大和重复到一定程度，就在消费者心智中产生了质变，形成了产品的"唯一性"！

这就是角度的智慧与智慧的角度！

这就是唯一的力量与力量的唯一！

动物保健领域的品牌塑造
——回盛生物的品牌密码

> 一只鹰坐在高高的树上无所事事，小兔子看见鹰问："我能像你一样坐着什么都不干吗？"鹰回道："可以，为什么不行？"兔子听了鹰的话就坐在下面休息，突然一只狡猾的狐狸扑上来吃掉了兔子。张卫元喜欢讲这个故事：企业要主宰自己的命运，必须站到产业链的顶端位置。

一、武汉回盛的成就

近日，全国总工会公布《关于 2024 年全国五一劳动奖和全国工人先锋号的决定》。回盛生物荣获"全国五一劳动奖状"。该奖项是中华全国总工会授予在中国特色社会主义建设中做出特殊贡献单位的光荣称号，是中国工人阶级最高奖项之一。

回盛生物先后被认定为"农业产业化国家重点龙头企业""全国农业农村信息化示范基地""国家知识产权优势企业""湖北省创新型试点企业""湖北省技术创新示范企业""湖北省专精特新小巨人企业""湖北省支柱产业细分领域隐形冠军培育企业""武汉市制造业企业 100 强及民营企业科技创新 50 强"，也是湖北省本行业首批荣获"中国驰名商标"的企业。

回盛生物自 2002 年创立以来，一路深耕动物保健科技领域，取得的成果和成就不仅造福动物保健行业，助力中国畜牧养殖效力的提高，也为行业培养了大量高技术人才。回盛生物在产业和行业的发展上的贡献由此可见一斑。

二、张卫元的初心

武汉回盛生物的创始人张卫元出生在湖北应城的一个普通家庭。贫穷的青少年生活不仅没有成为他奋斗的阻力，反而成为激发他努力学习的动力。1998 年，他以优异的成绩考上华中农业大学动物医学系，毕业以后被分配到武汉市畜牧水产局下属的武汉种鸡场做技术员。

1998 年前后，中国的养殖业迎来空前的大发展，国外知名兽药品牌进入中国市场，拥有华中农业大学动物医学系学历的张卫元抓住机遇，与多家国际知名兽药商展开合作。

尽管张卫元初入商海没有任何经验，但他凭借真诚和勤奋，不到 3 年就成为在湖北地区最大的兽药销售代理商。

随着国外兽药品牌在国内市场的影响力日渐扩大，这些品牌商向中国的一些代理商挥舞大棒，代理条件日渐苛刻，一家国外知名品牌的业务员对张卫元说，要么只经营我这一个品牌，要么出局！

这是一个非常危险的信号。张卫元意识到，把国外品牌在中国市场做得越大，自己的选择性就越小，就更加受制于国外品牌，随时面临着被国外生产商甩掉的危险。

张卫元想：中国有庞大的养殖群体，有旺盛的市场需求，有众多的科研人才。外资品牌的运营模式和市场营销方法也逐渐被我们所熟知，为什么不能创立自己的品牌，与国外兽药品牌一较高下呢？

如果中国的兽药企业被外资品牌全面击垮，外资品牌可以随时垄断市场，提高价格。这对于中国的养殖业无疑是一场灾难。意识到这一点，张卫元觉得自己下海创建一个属于中国人的兽药品牌和兽药企业是义不容辞的责任。

三、张卫元的经营理念

一只鹰坐在高高的树上无所事事，小兔子看见鹰问："我能像你一样坐着什么都不干吗？"鹰回道："可以，为什么不行？"兔子听了鹰的话就坐在下面休息，突然一只狡猾的狐狸扑上来吃掉了兔子。

张卫元喜欢讲这个故事：企业要主宰自己的命运，必须站到产业链的顶端位置。而自己创建的武汉回盛生物公司要想站到兽药产业链的顶端位置，就必须要有强大的创新研发能力和适度的生产规模。为此，张卫元用兽药代理挣得的第一桶金与自己的母校合作，组建湖北兽药工程研究中心。随着公司的不断发展，武汉回盛从过去单一与华中农业大学合作，拓展到与全国多所大学和科研院所深度合作，每年投资数千万乃至上亿元做新药研发。

四、好产品还需要好营销

我与回盛的结缘始于我在清华大学给一个 MBA 班的同学们讲授品牌营销的课程。张卫元是其中的一位学员，课后就到北京赞伯管理咨询机构的总部和我交流。

这是一位戴着眼镜、谈吐儒雅的年轻人，自我介绍说他是武汉回盛生物公司的董事长。在交谈中我能感受到他的真诚和朴实。

张卫元给我的印象更像是江浙一带的企业家，温和、谦逊。他介绍完企业的发展历程之后，希望得到赞伯公司的营销咨询支持。谈话快结束的时候他说："路教授，我是带着非常真诚的愿望期望和您合作的。我听了那么多的课，感受到您讲的营销理念务实，营销方法容易落地，这正是我要找的营销导师。"然后他问合作费用是多少。他听了以后说："能分期付款吗？"还没等我回答，他继续说道："如果不能分期，一次性付清也可以。"我被他的自问自答逗乐了，我说："好吧，那我们合作。"

五、成长型企业也要构建"第一"或"唯一"

接到回盛兽药品牌咨询的任务之后，赞伯团队对市场、行业、企业能力、技术发展趋势做了全方位的调研。

当时回盛的企业规模在兽药领域不是处于行业前列，而是处于成长期阶段。前面有规模更大、技术更强的强势企业打压，后面还有一大堆小企业在追赶与模仿。这个时候的回盛要在群狼环伺的情况下找到一条破局之路，就要打造"一根针捅破天"的关键竞争力，就要成为某个细分领域的价值定义者，而非价格跟随者。

回盛在整体兽药规模上无法与外资品牌竞争，但如果能聚焦资源，专注于某一类动物的药品开发与经营，那回盛就能在细分领域构建"第一"。

兽药一般分为家禽用药、牛羊用药、猪类用药、水产用药等多种类型，而猪类用药占整体动物保健行业 50% 的市场份额，于是，回盛就"只做猪文章""专注猪产业"。

这是一种非常高明的战略打法，道理很简单，只要回盛能做中国猪药第一，就能做到世界第一。

所以，回盛品牌的定位是"回盛生物 = 中国猪保健专家"。

回盛的愿景（见图 5-1）是"打造猪保健第一产业链"，回盛的企业使命是"科技铸就养猪强国"。

回盛的品牌定位（见图 5-2）是**"猪生病，找回盛"**！

图 5-1　回盛愿景

图 5-2　回盛品牌定位

这是一句很诙谐的语言，与"人生病，找医院"有异曲同工之妙。

我后来参加了几次中国动物保健行业的高峰论坛。我在峰会演讲中讲到回盛的商业案例时，他们都在互相调侃"你生病了吗？你生病了就去找回盛"。对方马上会怼回来："你才找回盛呢。你是猪！"

现在这句回盛的广告语已经成为行业内广泛流传的调侃语言，可见传播之广。

六、形象要永远走在能力的前面

这既是一个讲究内涵的时代，也是一个讲究颜值的时代。很多企业总觉得自己的行业不高端、不高级，总是在企业形象、品牌 Logo、包装设计上敷衍了事，这都是对品牌营销不负责的行为。

一个关于炸鸡的广告，它展示的不是油炸时的燥热，而是和蔼可亲的大叔；一个汉堡的广告，展示的是代表快乐的金色拱门；一瓶碳酸汽水的广告，展示的不是水分子有什么与众不同，而是红色的飘带，代表激情和快乐。

回盛既然"专注猪产业""只做猪文章"，就要成为这个领域的一面旗帜、一个标杆，形象就要高端大气上档次，要从兽药行业中脱颖而出，让人眼前一亮，于是赞伯团队对回盛的整个品牌形象系统做了专业化的设计和提升（见图 5-3）。

图 5-3　回盛品牌形象

七、360 度系统服务

农业畜牧行业的终极目标是什么？是服务！

谁与农民、养殖户打交道，谁就要为他们提供全方位的贴心服务。因为他们在养殖过程中发现的问题，如果能够得到专家的快速响应和贴心服务，就会信任你、选择你。

为此回盛实施两项服务工程。

第一项服务工程，在全国实施"回盛猪保健连锁服务站"（见图5-4）千店工程。回盛根据中国养猪户的区域分布特点，围绕重点养猪区域与当地的兽医展开合作，建设最贴近养猪户的"回盛猪保健连锁服务站"。

图5-4 回盛猪保健连锁服务站

第二项服务工程，是建设全国呼叫中心，每天24小时都有教授式专家接听电话，为全国养猪户答疑解惑，并让当地的回盛服务站的兽医快速到达养猪场，为养猪户排忧解难。随着互联网时代的到来，单一的热线服务已经发展成微信公众号、企业服务平台等多种形式全方位的沟通渠道。

回盛从传统销售型企业向现代企业转变，将"服务"彻底贯彻到回盛的品牌文化中去。这就是回盛服务制胜的策略。

今天，回盛已经发展成猪药的领先品牌，猪药研发基地。2020 年 8 月 24 日，武汉回盛在深圳上交所上市，成为中国动物保健行业非常具有竞争力的企业。今天的回盛，在生产规模、服务水平、新药研发、专家团队、制造产业基地等方面都具有相当的竞争力。

回盛的战略目标已经从中国领先升级为与世界品牌同台竞争。

第六章

高度的智慧——
构建"第一"

品牌运作的核心是在消费者心中建立产品价值的灯塔。灯塔的高度越高,照亮的幅度就越大,靠它指向的人群就越多。

品牌建设的最伟大智慧之一就是争夺品牌的高度。

高度就是驾驭!高度就是财富!高度就是一切!

17　高度是最大的智慧

> 智慧是一种境界，也是一种高度。高度就是最大的智慧。高度击穿各种小伎俩。

没有高度就会纠缠于问题本身。

有一位父亲领着孩子在草坪上用割草机修剪花园，这时房间里的电话响了，爸爸回到屋里接电话。孩子就开着没有熄火的割草机在草坪上快乐地割草玩耍。爸爸打完电话回来时，看到被孩子弄得不成样子的草坪，非常生气。爸爸大发雷霆，把孩子批评得泪流满面。孩子的妈妈实在看不下去，就跟孩子的父亲讲："我们今天是来养孩子的，不是来养草的。"孩子的妈妈接着说："我们今天带着孩子来干活的目的是什么？我们是为了培养孩子，让孩子快乐地成长，而不是仅仅修剪草坪。"草坪弄坏了，接着再修剪或等草长大就可以了，但是给孩子心灵造成的伤害就很难弥补了。

很多时候我们没有成功，是因为在纠缠问题的本身而忘了我们的根本目标。

什么样的人是最有智慧的？我们总是认为神仙最有智慧。那么我们来看看"仙"字是怎么写的。"人"字旁加一个"山"，也就是人站在山顶上就能成仙。所以智慧本身就是一种高度，大智慧一定有大高度。

高度击穿各种小伎俩。

你只要站在一定的高度上，就很容易看清问题的本质。如果你站在较低的位置，就很容易被各种事物错综复杂的表象所困扰。你往往会觉得到处都是问题，到处都不得劲。你可能觉得这个世界上到处充斥着不公平。但是，如果你站在人类社会的整体高度上，就会发现世界比我们想象的要美好的多。这就是"世上本无事，庸人自扰之"。

很多人没有成功是因为纠缠在问题的本身，而忘记了人生的根本目标。很多企业没能持续地成功，也往往因为纠缠在管理问题或手段本身，而忘了企业的根本目标。

18   世界的层级落差形成驱动力

　　这个世界的一切都是分层级的。高低错落是这个世界独特的结构，而这个结构恰恰是构成世界稳定的基石，同时，也形成了推动世界运转的力量。

　　商业的本质就是"不公平"。如果"公平"，就不应该有利润，"不公平"形成驱动力。

这个世界的一切都是由不同层级组成的。

　　无论是自然界还是人类社会本身都是由不同层级的结构组成的。无论是有形的物质世界还是无形的精神世界，无论是人们向往的天堂还是人们害怕的地狱，都是由高低层级的结构组成。可以说，没有层级就没有这个世界。

　　展现在我们面前的自然界是由高低层级组成：山分高低，树分高矮，海有深浅，河有大小，风雨有强弱，气候有冷暖。没有不分高低的山，没有同样高度的树组成的森林，也没有终点和起点处于同一水平的河流……

　　构筑人类世界的一切也分层级。人分高矮，楼分高低，财富分多少，职权分大小……美丽要打分，智商要打分，考试成绩要打分，学历分层级，工种分层级……

动物界也分层级。这些层级有肉眼看得见的大小强弱的区分，也有肉眼看不见的智商高低层级……

人类社会的一切不但分层级，而且把层级分得很清楚。国家强弱分等级，区域发展水平分高低，企业经营分大小，体育竞技分强弱……人类生活的一切产品也分层级。住房、轿车、衣服、化妆品等，甚至圈子、消费、生活方式等也分层级。层级结构令这个世界丰富多彩。因为有了不同层级，才有了参差不齐的"距离"。

高低层级的落差产生社会驱动力。

我们无法想象一个千篇一律的世界，比如山无高低，树无高矮，人无长幼……那么这个世界既不稳定也不会有驱动力。

为什么人类社会和自然界的一切都是由不同的层级组成的呢？因为层级首先带来稳定。一个不分大小、不分高低的社会可能会导致谁也不服从谁，谁也不尊重谁，会导致社会的无序和混乱。

更有意思的是层级之间的不同产生了社会的驱动力，层级落差的存在不断驱动着人类社会的进步。试想，如果人人都一样，谁还会去努力呢？

商业的本质是什么？商业的本质就是"不公平"。利润就是"不公平"的结果。如果"公平"，就不应该有利润。所以高低落差使得财富发生流转，流动的财富才能产生效力，财富才能够真正地为人服务。

"差距"驱动穷人努力，同时也让富人变得懒惰。有句话说"富不过三代"，这一点是非常有意思的。它确定了财富流动的特点，也意味着财富不可能被某个人永远拥有。

19　品牌的高度决定品牌的命运

> 品牌高度所产生的力量是令人震撼的。极致的高度带来资源的强力汇聚，用低成本激活产业链，有效屏蔽竞争者，令其处于被动困境。极致高度的品牌甚至有权"犯错误"！

品牌高度决定品牌命运。

品牌的高度就是品牌在消费者心智中所处的位置，位置越高越主动。顶级位置的品牌几乎处于对行业的掌控状态。

高度引发的力量超越了产品本身。高度所产生的张力往往令人震撼。

我们来看看那些世界级品牌是如何在消费者心目中构建起至高无上的高度和强大的品牌张力的。

它们是如何描述自己的呢？

欧米茄——"完美与成就的代表"。

还有比完美更高的境界吗？

劳力士——"手表领域的霸主"。

还有比霸主更高的位置吗？

芝柏——"华丽典雅的精灵"。

还有比华丽、典雅的程度更好的"华丽"吗？

宾利——"速度与豪华的梦想极致"。

还有比速度与豪华的结合更让人神往的吗？还有比一款带来梦想的车更令人产生幻觉的吗？还有比极致更高的高度吗？没有。宾利车一直在你心中把它描述成为"你一生中最想拥有的车"，是"贵族中的贵族"。它一直试图在消费者心目中构建一种高不可攀的高度。速度与梦想已经很让人感动了。**速度与梦想到了极致的时候已经演变成一种震撼人心的力量。**这是一种怎样的精神高度？它让人仰望、神往，它让人痴、让人狂。

香奈儿——"女性追求的向导和典范"。

还有比向导和典范更具标杆性吗？香奈儿一直在追求简洁和浪漫的结合，一直在它所有的产品中关注单纯而富有朝气的精神内涵。香奈儿大胆地将男性时装引入女性世界，赋予女性以男人般的行动自由。它将女人从繁杂的装饰中解放出来。香奈儿建立的不仅仅是时装帝国，它更颠覆了女性的着装习惯。**香奈儿没有议会和国王，却统治得比任何一位政治家都更长久。**

范思哲——"惊世骇俗的性感与华丽"。

还有比这样的性感和华丽更加惊世骇俗的吗？性感已经足以让人情不自禁了，如果性感到了华丽的境界，那么这种性感几乎能征服所有人。

法拉利——"会呼吸的艺术品"。

将一款车和艺术品连接，已经说明这辆车的稀有和难求。当这辆艺术品的汽车和呼吸结合到一起的时候，这款车几乎就让人"窒息"了。它在你心目中唤醒"纯粹＋强烈"的运动灵魂。

轩尼诗——"高贵的生命之水"。

将一瓶液体与生命连到一起，让你顿感这种液体的价值。

普拉达——"简约到极致的优雅"。

优雅已经令人神往，极致的优雅则构建了优雅的最高境界。这就是简约。

雅诗兰黛——"最奢华的娇宠"。

奢华传递了一种对生命的态度。消费的贵族，已经令人高不可攀，而"最奢华"则制造奢华中的极致。

芝华士——"苏格兰高地的天赐甘露"。

当芝华士推出"皇家礼炮"这样的产品时，几乎在威士忌中把自己塑造成至高无上的帝王，何况还是"天赐的甘露"。

兰蔻——"风华绝代的玫瑰传奇"。

"风华绝代"已经表明自己绝世的价值，如果再跟玫瑰连到一起，那么这种风华绝代又是怎样的摄人心魄？再加上"传奇"，几乎将女人的自信、迷人、底蕴与美丽提升到了至高境界。

阿玛尼——"在时空的轮回中将优雅进行到底"。

这是一种怎样的大气与自信？这需要怎样的技巧才能在优雅与时尚之间拿捏得如此平衡？这是一种怎样的美，它几乎将女人世界的美演绎成一场精神世界的盛宴！

人头马——"将高贵演绎到极致"。

将高贵演绎成极致的酒会是一种怎样的酒呢？他带给男人的是一种怎样的精神灵魂呢？

迪奥——"法国文化的最高精神"。

还有比迪奥更能代表法国文化时尚的吗？还有比最高的精神更高的高度吗？

奥迪——"儒雅而霸气"。

儒雅是成功男人内在品质的外在表现之一。如果儒雅中还蕴含霸气，霸气中还带有儒雅，那是一种怎样的境界？

······

世界顶级品牌无不构建了其非凡的高度，让消费者仰视，让消费者追逐，让消费者购买产品的同时心甘情愿地多付钱。

20　构建"第一"的三大模式

品牌战略的精髓就是用最快的速度、最小的代价抢占对自己最有利的制高点！

"第一"的位置从来都是变化的，从来不存在牢固的第一！

营销高手出招，绝不在对手身上消耗力量，而是一直聚焦在目标上！

首先，抢占位阶制高点。

大量行业高阶品牌缺位。在这些行业建立第一品牌并不难。道理很简单。原先没有第一，你占据了这个位置你就是第一。而一旦在消费者心目中形成了"第一"，你就能得到巨大的回报。企业要做的就是快速抢占这一位阶制高点。

战略的精髓就是用最快的速度、最小的代价抢占对自己最有利的制高点。

一旦抢占了制高点，后来者要想取代你必然付出数倍的代价。这就是为什么所有的战争都强调争夺制高点。

一旦你占领了消费者心智中的制高点，你就立刻由原先的默默无闻变成众人瞩目。被仰望者总是处于主动，而仰望则意味着自身的心理弱势和位置低人一等。

竞争都是有对手的。抢占行业制高点这一策略是在没有明确具体竞争者的情况下展开的，此时的对手是你自己。它考验的是企业家对行业趋势的判断以及运作的胆识。

所谓趋势的判断是指把握一个行业的发展节奏。所谓"做大事，顺大势"，避免"提前"或"滞后"，错失良机。

其次，这一策略考验的还有企业家的胆略，考验其在关键时刻敢不敢果断出手。

市场机遇对每个人来讲实际上都是一样的。事实上，虽然很多人也意识到机会就在面前，但为什么只有很少的人成功呢？因为只有很少数人具备了在关键时刻采取行动的胆略。

我们举几个例子，看看哪些行业还有高阶品牌的缺位。

鸡蛋行业有全国性的第一品牌吗？

中国的鸡蛋行业总体规模在 1800 亿元左右。从全国性来看，消费者买鸡蛋时会倾向哪一个品牌吗？对鸡蛋品牌有清晰的认知吗？按照行业竞争的一般规律而言，成熟的鸡蛋行业一定会出现市场份额占 20% 左右的一两个企业。也就是说，至少出现一两个企业市场规模达到数百亿元。但我们看到，目前最大的鸡蛋企业销售规模也不到十亿元。这说明这个行业尚处于初级竞争阶段。

从鸡蛋消费趋势看，中国的鸡蛋消费从原来的不温饱的健康型（人们吃不饱，但产品很健康）转向现在的温饱的不健康型（人们吃得饱，但怀疑某些产品品质），紧接着一定会向温饱的健康型转变。中高端消费者都在渴望购买到安全放心的鸡蛋。这就是鸡蛋从原先的农副产品向品牌型产品转变的背后力量。这也就是为什么一些鸡蛋区域性品牌成长快速的原因。

我国市场大量出现的都是区域型小品牌，处于无序的状态。大大小小的鸡蛋品牌在无序竞争中付出了巨大的成本，而消费者面对这些杂乱的品牌，也处于选择的茫然状态，分不清哪一个品牌好，它们之间有哪些差异。此时，这个庞大的鸡蛋行业迫切需要一个大品牌站出来一统江湖。消费者从内心也希望有大品牌告诉他们谁是第一，告诉他们什么是好的鸡蛋。我曾经跟这个行业的几位企业家们讨论过行业的发展态势。下一步就要看谁有胆略像当年的秦始皇一样振臂一挥了。

还有很多行业也都处于第一品牌缺位的状态。豆制品行业、醋饮行业、电动车行业、榨汁机行业、太阳能热水器行业、竹地板行业……这样的行业不胜枚举。

在这些第一品牌缺位的行业，优秀的企业家就要抢占先机，占据这些行业的品牌制高点。这是一种低成本的快速制胜策略。

时刻牢记：

- 早早布局胜过无懈可击的进攻；
- 提早布局赢得时间；
- 浪费自己的时间，就相当于替对手赢得时间；
- 时间和空间是成功必需的两个要素；
- 布局原则 = 抢占优势；
- 任何时候，都必须坚持占领有利位置的打法。

再次，争夺品牌制高点。

在已经出现高阶品牌，尤其已经存在"第一"品牌的行业，要学会争夺品牌制高点，尤其要争夺"第一"。很多行业的"第一"是非常脆弱的，只要方法得当，完全可能取而代之。

为什么说很多行业的"第一"是脆弱的呢？因为很多行业的"第一"不是因为这些品牌做得多么好，或者有意识建立品牌高度，而是因为历史的因素形成，或者对手做得实在不好，或者没有碰到强有力的操盘手。这些"第一"缺乏群众基础，是暂时的"第一"。这些品牌的脆弱性主要表现在有知名度而没有美誉度。因为没有建立这个行业好产品的"标准"，这就给后来者取代它们留下了现实的空间。中国有多少企业的标准像微软的标准一样被视为行业标准呢？很少！

中国大量的行业都缺少"强势"品牌。很多所谓的"第一"也是脆弱的。针对这些品牌的脆弱性，优秀的企业家要毫不犹豫地争夺行业品牌制高点。企业家越早出手代价越小，收益越大。

数百亿元规模的粉丝品类，目前的"第一"品牌稳固吗？其销售额相对行业整体规模而言太小不说，它在消费者心目中建立了"好粉丝"的认知了吗？没有。只要某个企业快速在消费者心中建立"好粉丝"的认知标准，它就可以很小的竞争成本取代目前脆弱的第一品牌。

我国袜业数百亿元市场规模，至少应该有一两个企业做到上百亿元的年销售额。可目前最大的袜业企业在国内的销售额也就几亿元。再看看这个行业最大的品牌有多少影响力？消费者是否会专门买某个品牌的袜子？

"第一"的位置从来都是变化的，从来不存在牢固的第一。记住，任何"第一"都是可以被取代的！

最后，打造品牌制高点。

如果你在现有的类别中都排不到前面，怎么办？那就重新找到一个新类别！这样，你在这个类别中就有机会排第一。这是一种很有意思也很有智慧的竞争方式！它帮你找到不同于竞争对手制定的游戏规则。**按对手的规则和对手竞争实际上是一种最笨的方法。**

什么是竞争的首要问题？

类别问题！在消费者心目中产品是分类别的。企业只有清楚自己的产品属于哪一类，才知道跟谁竞争，跟谁站在一条线，争取哪一类型消费者！否则，搞错了竞争对象岂不冤枉，但这恰恰是很多企业犯过的错误。

界定类别 = 规避竞争

界定类别的一个显著好处就是规避强势竞争。比如大家都卖苹果，那你怎么跟人家的苹果区分呢？你可以这样划分：对手是红苹果，你是青苹果。这样在消费者看来，你们两家卖的是不同的苹果。喜欢红苹果的人去买对手的，喜欢青苹果的那就买你的。

当"可口可乐""百事可乐"在市场占主导的情况下，如果你生产另一瓶同类的可乐，无疑要付出巨大的竞争成本。最有效的策略就是重新界定类别或重新划类，比如"非可乐汽水"。这就是"七喜"饮品的营销诀窍。

在消费者心智中对产品进行重新切割分类，让消费者接受我这家企业，同时又规避了同对手正面竞争的类别。

划定新类别的好处实际上是自己获得了"第一"。在这个类别中你是领头羊！即使再有人跟进，你是老大，你获得了这个类别被消费者（客户）认知的最大好处。

重新划定一个新品类是提升位阶的最有效的最低成本策略。这种策略的另一个好处是实现了资源的目标聚集。

高手出招，绝不在对手身上消耗力量，而是一直聚焦在目标上！

在营销中，企业有限的资源是用在目标消费者身上，还是用在和对手竞争上，其效果差异巨大！

战争中剑锋所指是为了消灭对手，商业营销中资源所向是为了获取消费者的心。千万不要为了竞争而竞争，而忘了营销的核心任务！

营销的本质任务是争取消费者，而不是消灭竞争伙伴！

规避竞争的好处在于，可以将有限的资源用在争取目标消费者身上。只有消费者被争取过来，企业才能获取销售回报。

比如，对于一家服装企业而言，如何在如此激烈的市场竞争中脱颖而出呢？我曾和一个服装企业的董事长交流。如果卖"正装"意味着将和所有的正装品牌作战，需要付出巨大的代价；假如卖"休闲装"，可能意味着所有的休闲装品牌一起围剿自己，毫无疑问自己同样要付出沉重的代价。那能不能重新界定出一个既不是正装也不是休闲装的类别？比如"商务休闲男装"。这个策略帮助该企业获得了品牌的快速崛起。

一瓶白酒如何在激烈的市场竞争中脱颖而出？

可以询问一下消费者："什么样的白酒是好酒？""喝到口中绵香的、柔和的……"可以参考消费者调研的结果定位出"绵柔型"的新品类。

你可能困惑：白酒只分浓香、清香、酱香，哪有什么"绵柔型"

的？这正是营销的技巧所在。"浓香""清香""酱香"这些词是从技术角度来讲的。营销是面向消费者的。只要消费者认为"绵柔"是好酒的特点，那么划分出"绵柔型"的新品类白酒就会被消费者接受。

企业如果能沿着已经细分的类别坚持不懈地运作下去，同时不断完善产品线和品牌形象，一定会取得更大的成就。

21　惊心动魄的高度争夺战

> 为了争夺品牌高度，品牌之间展开了一场场惊心动魄的争夺战。

世界级品牌是这样争夺品牌高度的。

一、劳斯莱斯与奔驰

劳斯莱斯的品牌诉求——"独一无二的王者"。

还有比"王者"更高的吗？还有比"独一无二"更具稀缺性的吗？没有！劳斯劳斯一开始就将自己定位尊贵和地位的象征。尽管 100 多年前，车的性能和外观无法和今日的相提并论，但它一出世就乳臭未干且毫不客气地占据了这一领域的制高点。

在尊贵的"高度"争夺中，劳斯劳斯遇到了一个全球性的强劲对手，这就是"奔驰"。

奔驰——"世界名牌第一车"。

一百多年前，在外工作的戴姆斯在寄给太太的明信片上画了一颗星星，透露他那坚定而充满信心的期望："有一天，这颗星将灿烂地上升在世界的天空上"。今天这颗闪亮的三叉星（奔驰标志）成为全球汽车界最耀眼的恒星。这就是奔驰起点的高度。

梦想说起来容易，但实现起来艰难，在营销上更得有办法表现出这款车的境界。所以，奔驰一直诉求"尊贵、豪华与品位"，它将自己描述成显赫身份与尊贵地位的象征。它将这辆车描述成一位处世不惊的智者，内外兼修，坚定向前。它告诉消费者奔驰体现的是坚持，代表一种精神，是奢华和社会进步的象征。为此，它将自己描述成国家元首和知名人士乘坐的"世界名牌第一车"。它在不断地传播"精密的设计，考究的细节"，证明它达到了巅峰水平。同时，它还让消费者看到了充满激情的主张与充满灵感的创新。它这样评价自己——"汽车的故事就是奔驰的故事"。它试图将自己打造成尊贵和成功的标准坐骑。

二、劳力士与百达翡丽

劳力士——"与时间永恒"。

劳力士是这样诠释自己的："表盘中的瑰宝！"它说时间是一条浩浩荡荡的大河，劳力士静默地记录下这浩瀚大河的每一瞬间，让你的生命延绵不绝。在浩渺的苍穹之下，劳力士从不止步，它将带着你永远进取，不错过分分秒秒。它将陪着你缔造人间的传奇。它将和你的人生融为一体，伴你见证时间，伴你成就辉煌。

在诠释时间的高度上，还有人比劳力士站得更高吗？它诠释自己的每一句话、每一个词，无不让你感到它是一件永恒的杰作。它让你感觉到它是表盘的尊者，告诉你劳力士表曾被登山家佩戴着登上了珠峰，被冒险家佩戴着征服了南极。这些令人瞩目的事件表达了一个意思，劳力士达到了世界的最高峰，是最好的。

百达翡丽——"表中的王中之王"。

在争夺手表至尊高度这一品牌战略上，百达翡丽与劳力士有异曲同工之妙。它毫不犹豫地坚持自己是表中的"王中之王"。

如果说王是最大的，那还有比王中之王更大的吗？没有！实际上百达翡丽在告诉人们它是劳力士的"爸爸"。当劳力士说与时间永恒的时候，百达翡丽宣称的价值是"持久的价值"。所以没有人能够永远拥有百达翡丽表，只不过为下一代保管而已，仍然是时间永恒的意思。

百达翡丽告诉人们，百达翡丽的尊贵在于表和主人之间共守着一个心灵的家园，在静默中聆听时间的流淌。即使人生走到尽头，时间依旧向前。生命由后代血脉传承，表传至下一代手中，继续与下一代一起守望时间。

三、绝对伏特加与人头马

绝对伏特加——"燃烧着的生命之水"。

伏特加诞生于 14 世纪的俄罗斯。俄罗斯一位诗人曾深情地吟道：伏特加酒与伏尔加河一样源远流长。但这瓶来自瑞典的绝对伏特加酒反客为主，通过建立品牌的绝对高度，置换了伏特加原有的俄罗斯文化背景。当它宣传"燃烧着的生命之水"时，这瓶酒就在男人心目中构建了顶尖的位置。

什么是生命？什么是男人的生命？

生命在于辉煌，男人的生命在于燃烧。让男人生命燃烧的时候，无疑将男人生命的绽放推到了登峰造极的高度。

还有比燃烧的生命更辉煌的吗？还有比燃烧的生命更完美的吗？

还有比燃烧的生命更让人震撼的吗？没有！

所以，这瓶伏特加酒就成了真正男人的选择。就像女人追求香奈儿香水一样，男人飞蛾扑火般地奔向这瓶燃烧的生命之水。

男人渴望在这瓶水中燃烧，在它燃烧的烈火中绽放生命的绚烂色彩。哪怕这种燃烧仅仅是一种梦幻，哪怕这种燃烧只有一秒钟。男人愿意为这一秒钟用一生来置换。

人头马——"将高贵演绎到极致"。

人头马同样理解争夺生命之水至尊高度的价值。所以它不遗余力地传播人头马能让男人在瞬间找到王者的感觉。它告诉消费者，只要你喝上一小杯人头马，你身体的细胞就和你心里的感受达成了共振。这种共振让你感受到这瓶酒给你带来的永生难忘的感觉。那琥珀色的晶莹的液体，神秘莫测的香味，延绵不绝的细致口感和经历数代酿造师所见证的悠久历史，让你瞬间感受到成功者的强烈体验，感受到生命的激情，感受到汪洋恣肆的王者气息。它同样将男人成王的渴望演绎到极致！

四、可口可乐与百事可乐

两大可乐较量的最关键点就是争夺行业话语权，为此两大可乐多年来展开了惊心动魄的高度争夺战。这种争夺将一直持续下去，任何一方任何时候都不能有所松懈，谁占据了制高点，谁就具备了行业话语权。

可口可乐——"经典的正宗的可乐"。

可口可乐多年不遗余力地宣称自己是"经典的正宗的可乐"。

还有比"经典"更具行业标准的吗？还有比"正宗"更具高度的吗？没有！可口可乐用"经典"这样的传播内容"一剑封喉"，在与百事可乐多年残酷的竞争下岿然不动的秘诀就在这里。消费者在选择产品时永远优先选择在他们心中代表行业标准的产品。

"经典"和"正宗"无疑是可口可乐希望在中国消费者心目中建立的无可替代的品牌地位。为此，可口可乐不惜重金连续多年在中国大幅度地投放广告。虽然那个时候中国老百姓对一瓶"黑水"并无太多了解，而且在中国人心目中黑色的水是不能喝的。但是可口可乐一点都没有犹豫，它用持续不断的广告、在街头提供免费品尝、赞助各种体育赛事等方式，逐步在中国消费者心目中建立了"可口可乐是经典可乐"的认知。

可口可乐用连续 8 年的亏损换来了在中国市场的地位。

同时，可口可乐并没有停留在单一品牌的策略上，同时推出了"芬达"和"雪碧"，不断地吸引不同喜好的消费人群。

为了更多地抢占中国市场，可口可乐兼并了"天与地""醒目"和"津美乐"等几个中国本地品牌。

为了不断地获取中国消费者的心，可口可乐将中国消费者喜爱的英雄或明星一网打尽，周杰伦、SHE、刘翔等都曾为可口可乐代言。

可以说，可口可乐在中国市场前期的投入之大是让人震惊的。

百事可乐——"渴望无极限"。

在可口可乐来到中国不到两年，百事可乐就迅速挺进中国市场。百事可乐绝对不会心甘情愿地让可口可乐在中国独享其大。

为此，百事可乐采取全方位的持续不断的攻击性市场策略。在"经典正宗"的大旗被可口可乐牢牢地树起后，百事可乐终于明白不能硬碰硬地和可口可乐拼口味的差异了，因为不管可口可乐味道如何，它在消费者心中都代表可乐的标准口味。百事可乐改变策略，放弃对所有消费者的争夺，而是在年轻人群中建立独一无二的高度。它将这瓶黑水演绎成年轻人心中最疯狂的激情之水。

百事可乐提出了"渴望无极限"的广告诉求，从而暗示可口可乐的老迈、落伍和过时。为了配合产品的市场定位，百事可乐不惜重金聘请第一位"百事巨星"——迈克尔·杰克逊。这位摇滚巨星带动了百事可乐销量的直线上升。同时，百事可乐还寻找了中国的郭富城、刘德华、蔡依林及古天乐等巨星代言。百事可乐还善打足球牌，利用大部分青少年喜欢足球的特点，推出了百事足球明星，将运动的激情和流行元素结合在一起，演绎它的青春无极限。

五、宝洁与联合利华

宝洁——编织立体品牌之网。

日化行业两支劲旅——宝洁和联合利华，它们在中国市场上从一开始交手就在争夺中国市场的老大地位。

为此，宝洁公司就用系列品牌组合的战略，全方位覆盖了所有消费人群。每一个功能清晰的产品品牌就像一支利箭准确穿透细分目标人群。一群耀眼的产品品牌出现在消费者眼前："海飞丝""飘柔""潘婷""舒肤佳""汰渍""佳洁士""兰诺""碧浪""欧莱雅""SK-Ⅱ""沙宣""伊卡璐""吉列"……它们结成了一张品牌大网，努力一站式满足中国消费者的需求。

不管是自有品牌，还是并购品牌，宝洁一直试图在日化行业建立其不可动摇的霸主地位。

联合利华——针锋相对。

联合利华当然懂得争夺中国市场霸主地位的意义。他们的产品同样从头到脚，品类齐全。联合利华在竞争中毫不示弱，针对每一个宝洁公司的产品，联合利华几乎都推出了相对的产品竞争。为此，联合利华采取打造自有品牌和兼并本土品牌的战略，打造了同样璀璨的品牌群："高露洁""杰诺""奥妙""金纺""夏士莲""凡士林""力士""中华""清扬""旁氏"等。此外，联合利华和宝洁公司一样，在中国媒体投放了大量的广告。

宝洁和联合利华争夺中国市场霸主地位的战争，给中国本土日化企业带来无法承受的压力。**中国本土日化企业还有一段路要走。**

宝洁和联合利华在争什么？它们在争中国日化市场地位的高低。他们在争消费者心目中的排名。这就是它们较量的核心动机。一旦站在了行业的巅峰位置，一旦在消费者心目中建立了老大的位置，获得比对手更高的品牌位次，就能获得无与伦比的市场回报。

所以，高度就是位置，高度就是掌控，高度就是财富。

22　品牌是突破价格竞争的利器

> 可口可乐在世界的各个角落售卖，女士们青睐爱马仕包，年轻人喜欢耐克鞋、华为手机……这就是品牌的力量！

走出单纯加工的误区。

我们有不少生产企业像小草，虽数量众多，但没有高度。**任何硬件（厂房、设备等）的高度都是有限的，品牌的高度是可以无限的！**

在中国处于"加工"环节的企业，本质上只是一个车间而非完整独立的企业！

产业链最底端的加工环节导致企业利润微薄，而微薄的利润使得部分中国加工企业无法投入大量资金做产品的创新研发，低端的产业链导致这些企业不得不停留在加工环节上。这是一个恶性循环。

如果这种情况持续下去，那么中国企业的竞争力将进一步弱化，因为世界只有百年的品牌，没有百年的工厂。

外资企业利用其品牌优势，以极低的采购价格，倒逼中国制造企业屈从于其构建的全球供应链最底端，导致中国企业只能获得维持生存的费用，而不是发展的利润。

如果是在人民币对美元不断升值的趋势下，我们可以大致判断类似的加工企业不会有太多的竞争力，它必须回归到价值营销上来，这就是品牌建设。

如果说中国企业靠来料加工跑完了马拉松比赛的前半程，那么中国企业靠什么去完成马拉松比赛的后半程？

跑过马拉松比赛的人都有这样的经验：没有人能靠前半程的体力过度消耗领先后半程。

突破价值链分工的重大陷阱是中国企业下一阶段营销的主要任务。

突破西方企业对中国市场的品牌垄断战略。

西方企业对中国企业一直在展开三个层面的战略性压制：资源垄断、核心技术垄断和品牌垄断。

首先是资源垄断。

改革开放初期，中国经济的发展主要利用国内的各种资源，但随着中国经济总量的不断扩大，我们发现水、电、能源、矿产资源等必需资源越来越紧缺，我们不得不从全世界购买各种资源。也就是说，中国经济的发展已经进入"全球资源配置"阶段。"一些国家总是企图通过矿产、能源等资源遏制中国。"它们的战略目标是控制中国经济的资源需求，使中国的经济发展付出更大成本。

其次是核心技术和装备制造的垄断。

西方企业通过其领先的技术来遏制中国企业的竞争力早已不是什么秘密，它们的如意算盘是"你们中国人可以生产汽车，但你们生产不了汽车的组装装备""你们可以生产玻璃，但你们生产不了玻璃的制造设备""你们可以生产牛奶，可你们生产不了牛奶的包装设备"……

中国牛奶产业发展得如火如荼，可谁最挣钱呢？既不是"伊利"也不是"蒙牛"，而是提供无菌包装材料和灌装机等设备的瑞典"利乐"。

通过技术创新来打造中国企业核心竞争力是中国企业未来重要的任务之一。

最后是品牌垄断。

外国企业无不以建立品牌来获取消费者的心。

品牌竞争的本质是什么？品牌是一场获取人心的运动。

获取人心最关键的策略就是占据行业品牌的制高点，一旦占据了制高点，无形的品牌高度就会助力企业占领市场。

这就是品牌的力量，这就是品牌无形的力量。

商业案例六　　　**大国重器，产业集群**
　　　　　　　　——永康，世界五金之都的战略
　　　　　　　　顶层设计

　　提到永康，你会想到什么？五金。永康的五金产业在全中国，乃至全世界都有它的身影。

　　在全中国，10 扇门中有 7 扇是永康生产的；

　　在全世界，10 个杯具中有 5 个是永康生产的；

　　在全世界，10 台电动工具中有 6 台是永康生产的。那它是怎么诞生的？

　　很久以前，永康"七山一水两分田"的地理环境导致了人口多、食物少。男人不得不学习打铁打铜的五金技艺走四方谋生存。女人为了让远行的男人在外面也能吃饱饭，发明了可以随身携带的肉麦饼。

　　肉麦饼的饼皮都一样，但馅料却完全不同。如果男人外出挣到了钱，肉麦饼就是肉馅；没挣到钱，肉麦饼就是素馅。因为男人都爱面子，都不想在吃饼的时候被人笑话，所以会努力赚钱。

　　你看，千年前永康的女人多么聪明！不希望男人丢脸，所以用"里子"鼓励男人好好工作。

　　永康的男人走街串巷打铁打铜的技艺又是如何形成的呢？

　　他们的五金手艺可以追溯到黄帝时期。传说他为了获取金属兵器战胜蚩尤，率部落将士在永康城南的石城山安营扎寨铸造铜鼎及各类兵器，最终用这些锋利的兵器战胜了蚩尤，统一了中原。

后来，一部分工匠留了下来，他们继续从事金属铸造行当。这就是永康五金技艺的根，也为现代永康五金产业的发展打下了基础。

从宋代开始，永康工匠走四方，最北到黑龙江省，最西到新疆维吾尔自治区，最东到朝鲜，最南到缅甸、越南、印度等国，到 20 世纪末，永康工匠达到 4 万人。改革开放后，在世界各地的永康工匠回到永康买设备，建工厂，在永康打造五金产业基地。经过几十年的发展，永康的五金产业规模已经在全世界领先，无论是门类，还是电动工具、保温杯、插秧机、滑板车等领域都具有相当大的规模和影响力。

目前，永康五金已出口到全球 194 个国家和地区。但随着世界经济环境的巨变，永康五金如何全方位构建产业竞争力，在新的环境中，仍然能勇立潮头？这些问题都摆在永康新任领导班子的面前。

我在永康做了一次五金产业品牌发展的演讲。在研讨会上，我与他们交流了中国区域经济发展的 5 种模式。这 5 种模式是随着中国经济的发展不断地深入和升级的。

1.0 模式：资源依赖型，比如靠山吃山，靠海吃海，靠矿吃矿。

2.0 模式：简单加工型，比如早期的中国乡镇企业，在简陋的厂房用简陋的设备做简单的加工。

3.0 模式：产品聚集型，形成产品的贸易集散地。

4.0 模式：工业园模式，各个地方都在扩建工业园，用优惠的政策招商引资。

上面介绍的 4 种模式，已经适应不了现代的商业竞争，于是有了**目前的 5.0 模式，就是产业集群模式。而这恰恰是我国打造的方向。**美国和德国拥有全世界最多的产业集群，这是它们不断地有技术创新、产品创新和各种商业模式创新的原因。

我们来看看美国的产业集群：

休斯敦——航天工业集群；

西雅图——航空产业集群；

硅谷——微电子为主导的高科技产业集群；

加州——高尔夫装备制造业 + 葡萄酒酿造产业集群；

洛杉矶——国防和航空产业集群；

底特律——汽车产业集群；

好莱坞——电影产业集群；

纽约——计算机硬件与电子产业集群；

拉斯维加斯——娱乐产业集群；

波士顿——生物制药产业集群……

大量世界级产业集群构建了美国的全球竞争力。

再来看看德国制造业的品牌。奔驰、宝马、奥迪等知名的汽车品牌畅销世界各地，双立人、万宝龙、巴斯夫、拜耳、默克、阿迪达斯、彪马、保时捷等品牌享誉全球。

为什么德国能成为被全球信赖的"德国制造"？

1887 年 8 月 23 日，英国议会通过了商标法条款，规定所有从德国进口的产品都须注明"Made in Germany"（德国制造）。"德国制造"由此成为一个法律新词，用来区分"英国制造"，以此判别德国货与英国产品。100 多年后，"德国制造"成为高品质的代名词。德国拥有 2300 多个世界级品牌。是什么力量让德国的制造业打了翻身仗？

很多人把德国制造归功于工匠精神和精益的技术，但西门子的总裁说："德国人的工作态度，是对每个生产技术细节的重视。德国企业的员工承担着要生产一流产品的义务，要提供良好售后服务的义务。这是德国自己的经济学。"

更重要的是，**德国拥有 15 个强大的世界产业集群。这 15 个世界产业集群快速成为欧盟经济的火车头。**

德国北部的沃尔夫斯堡——汽车产业集群；

德国下萨克森州——航空产业集群；

德国北莱茵 – 威斯特法伦州——钢铁、煤炭和化工产业集群；

德国柏林的勃兰登堡——汽车产业和信息技术产业集群；

德国图林根州——医疗器械产业集群……

虽然德国的土地面积不大，但已经打造了庞大的产业集群，构建了全球战略竞争力，并且还是拥有"隐形冠军"数量最多的国家。

赫尔曼·西蒙教授提出"隐形冠军"的概念。1986 年，他在研究德国出口数据时发现，德国有 60%~70% 的出口是由中小企业贡献的，远高于其他发达国家中小企业的出口比例。西蒙认为，主要原因在于德国拥有一批世界领先的中小企业。这些企业规模很大却不为人所知，市场份额非常高，往往能在该行业全球市场份额中排名第一或第二。西蒙教授把这类领军企业称为"隐形冠军"。

赫尔曼·西蒙收集了**全世界 2734 家隐形冠军公司的数据，美国是 366 家，日本是 220 家，中国 68 家，而在德国 370 万家企业中，**

拥有 1307 家隐形冠军，是世界"隐形冠军"数量最多的国家，接近全球的一半。

比如德国的伍尔特公司，专注于生产工业配件，核心产品是紧固件，包含螺丝、螺丝刀、螺母、螺栓等看起来不起眼的小产品。无论是奔驰，还是保时捷，抑或是宝马等欧洲众多著名汽车品牌，它们用的螺丝都来自伍尔特公司。伍尔特公司年营收达到上千亿美元，是世界 500 强的国际私人企业。

德国旺众，一家专注于生产小推车的企业。无论你逛的是家乐福，还是物美或盒马先生、京东商超等，你看到的手推车，多数是旺众生产的。旺众的手推车占全球市场份额的 50%，是全球最大的购物及行李手推车生产商。

德国布里塔，一家专注于生产滤水器的公司，占据全球同类产品市场份额的 85%。德国虹霓公司是世界卷烟机械市场的领袖，是唯一能够提供全套卷烟生产系统的企业，在高速卷烟机械市场上拥有 90% 的份额。全世界大多数香烟滤嘴都是虹霓公司的机器生产出来的。

所以，德国真正的竞争力来源于庞大的**产业集群**。产业集群形成了强大的范围效应、细分效应、虹吸效应、品牌效应、共生效应。

换句话讲，**产业的聚集带来了多维度的协作，又带来了产业共生和企业共生。产业共生和企业共生同时又带来了企业的聚集、资源的聚集，又进一步推进了竞争与合作。竞争与合作又产生全方位的创造、创新，进一步推动了经济的繁荣。这就是产业集群的力量。**

产业集群犹如一个没有被破坏的良好的生态环境，里面的各种植物、动物聚集，花鸟鱼虫的生命进行互动、竞争。竞合关系导致它们不断地演化，真正创造了万物汇聚、万物竞争、万物迸发的大生长、大创造、大进化的宏大场景。

没有形成产业集群的个体企业犹如沙漠或戈壁上的一两棵树木，孤单而脆弱。在真正的大竞争面前缺乏竞争力。

中国经济的总量尽管居于世界第二，但很多产业都还处在中低端，缺乏真正的协同和创造的能力。如果要产生协同和创造，就必须要有产业集群。

在世界经济环境发生深刻变化的情况下，永康地方政府给了赞伯团队两个命题。

一是如何对永康五金产业发展战略进行有效的顶层设计，让永康五金具有全球五金产业竞争力？

二是如何提升永康区域的城市品牌，使城市形象与世界五金产业高度匹配？

这两个任务提出的背后，是领导者的战略远见和使命担当。我带着赞伯顶尖的专家团队不敢有任何懈怠，全力以赴，因为我们都有一个共同的愿望，就是希望国家经济强大。

战略是用来做什么的？

尽管对战略的定义多种多样，但是战略的作用，就是用来"碾压"对手、超越对手之上的。好的战略一定是树立一面旗帜，引领一个方向。

首先，永康要有一个清晰的战略定位。永康做五金产业打算立于哪一个生态位？是立于巅峰，还是半山腰？还是底部？

中国有很多区域，都想争夺五金产业的制高点，比如广东顺德，提出"燃气之都"，浙江嵊州提出"中国厨具之都"，浙江温州提出"中国锁都"，浙江玉环提出"中国阀门之都"，浙江宁波提出"中国打火机之都"，福建晋江提出"中国拉链之都"，广东佛山丹灶提出"中国日用五金之都"，河北的孟村提出了"中国弯头管件之都"……都在争五金这块蛋糕。所以，永康需要自己的战略顶层设计。

在这种情况下，永康要想成为中国五金产业的标杆，**仅停留在"五金之都"的高度是不够的，必须走向"世界五金"的高度。这既是永康五金发展的需要，也是中国五金发展的需要。只有这样才能承担起国家对永康五金发展的期望与使命**（永康城市品牌标识见图6-1）。

图6-1　永康城市品牌标识

当前，我国正在坚定不移地实施创新驱动发展战略，培育新动能，提升新势能，建设具有全球影响力的科技和产业创新高地。也就是说围绕产业链布局产业链。2003年6月，中央领导同志到永康考察，充分肯定了永康"强项在工业，特色在五金，优势在民营，活力在市场，后劲在科技"的发展格局，并对永康提出了打造"中国乃至世界先进制造业基地"的殷切期望。

从国家、民族、历史的发展高度来看，永康**打造"世界五金之都"的意义在于，将中国企业放到全球性的竞技场参与竞争。**

"永康——世界五金之都"，这是一个号角，是一个目标，是一个认知，也是一个召唤，那么，如何实现？

永康通过推动"四个一工程"来落地。

一、一套世界级的五金全产业链布局，缺链补链，弱链强链

永康的目标是把永康建设成世界五金全产业链智造高地，实现四大升级：

1. 从五金产业向五金全产业链升级；

2. 从制造向智造升级；

3. 从中国五金向世界五金升级；

4. 从基地向高地升级。

这样就明确了永康五金的产业定位、发展理念、产业理念、产业目标、产业愿景，使得永康成为世界五金之都，大国智造典范！

全产业链布局中既包括供应链、科技链，也包括金融链、人才链，还包括创意链和市场销售前移链等。

二、一套国际化的永康城市品牌整合方案

这套方案中包括五大要素：一个城市品牌形象、一场世界级的大型活动、一轮全球性的全方位传播、一套强有力的教育体系和一次成

功的招商活动。

赞伯团队检索了永康城市原有的品牌形象后发现，原有的品牌内涵单薄，寓意不鲜明，无法最大化地体现出永康人文的特色。

永康要实现永康五金走向世界，世界五金汇聚永康的战略构想。永康要成为世界五金的全产业链智造高地，永康的城市品牌形象也要相应地成为世界级的城市品牌。为此，赞伯团队完成了永康城市世界级品牌形象（见图 6-2）的 360 度塑造。

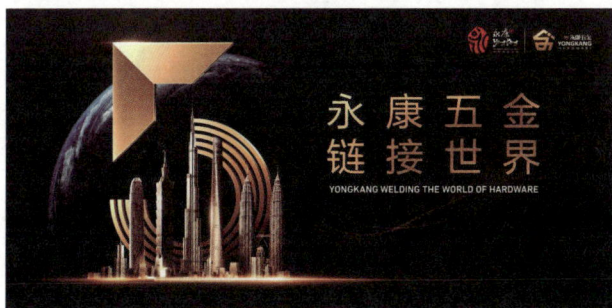

图 6-2 永康城市品牌形象宣传海报

三、一场世界级的大型活动开启首届世界五金发展大会

第一届世界五金发展大会（见图 6-3）宣告了"世界五金之都"

图 6-3 第一届世界五金发展大会海报

的开启，打造了一个专属于世界级的五金 IP，让永康的名字在一场活动中引爆。

这是一个互联网时代，一个讲究打造 IP 的时代。所谓 IP 就是超级大咖，但它本身并不一定局限于某个人，可能是某个品牌，还有可能是某场大会，就如全球知名的达沃斯论坛让瑞典东部小镇达沃斯一夜之间举世闻名。永康成为世界五金发展大会的永久会址，使得永康这座城市与永康五金产业相得益彰，一起走向世界，实现"五金合声，世界共鸣"的宏大的永康目标。

为此，赞伯团队为世界级的五金发展大会设计了它专门的会标形象（见图 6-4）。大会经过连续几年的召开，不仅在五金行业，在中国乃至在全世界都产生了不小的影响力。每届大会不仅成为全球五金产品得以共同展销的盛会，更成为一场全世界共享的最新五金成果工业设计风尚的盛会，一次全球五金产业人才汇聚、交流、合作的盛会。

图 6-4　世界五金发展大会会标

永康世界五金发展大会，首次召开就向全球发出了永康五金产业的发展宣言：生产、研发、制造优质的五金产品，为人类的美好生活做出贡献。

这场盛会同时推动了一轮世界级的传播活动。每次都有十多个国际行业组织或会盟汇聚永康，上百个世界知名品牌、数千款高品质的五金产品入驻永康，全球成千上万的五金精英齐聚永康。盛会受到国内媒体的广泛关注，得到光明网、钱江晚报、新华社、浙江日报、人民日报等几十家媒体的争相报道。

在国际上，盛会获得美国、法国、英国、德国等国家的70多家媒体的报道。历届五金发展大会盛况被国内外媒体广泛传播，都带动了永康从"中国五金之都"向"世界五金之都"的迈进，永康五金之都的声音唱响全球。

四、一套强有力的教育体系给企业家赋能，充分激发了永康企业家的创造性，使得他们在更高的境界上共同推动世界五金智造高地的建设

永康当地政府不仅深入企业基层倾听企业家们的声音，与他们畅谈"世界五金之都"的发展使命和愿景，还为企业家们排忧解难，更创造性地为永康的企业家们启动了"永康五金 MBA 品牌研讨班"，每年向企业家讲授 12 门企业高级管理课程，包括企业战略、品牌营销、组织建设、产品创新原理、渠道建设、公司治理以及转型与增长模式等。

这些课程给永康的企业家们注入了新的力量，让他们站在更高的知识层次，用更先进的管理工具纵横捭阖、畅行全球。

　　永康"世界五金之都"抢占了世界五金"第一"的制高点，构建了全方位的产业链，形成高质量的产业集群，正在给永康五金产业发展构建世界产业高地注入新的力量。世界五金发展大会历经数届，在行业、全国甚至在全球都产生了相当的影响力。

　　"永康五金MBA品牌研讨班"也历经两期。永康的企业家们用更宏大的视野、更高的使命感和更强有力的知识推动着中国五金产业和五金品牌的发展。

第七章

角度的力量——
构建"唯一"

品牌灯塔的力量还取决于其放射出光芒的色彩。不同色彩的光线引起不同人群的共鸣，不同颜色的光线将击穿不同人群的心理。这就是品牌建设背后伟大的另一极——角度。

品牌建设就是要从不同角度诠释产品。不同的角度将获得不同人群的认同。

改变不了产品，就改变看产品的角度。角度不同则产品不同。

23　角度的四大力量

> 避开阻力的最佳策略是选择最佳的角度。突破阻力的所有工具都有恰当的角度。恰当的角度让你化繁为简、削铁如泥，甚至借力打力、战无不胜。没有角度你将困难重重，没有角度你将步履艰辛！

假设一个人从某个原点向不同的角度往前走，会有什么不同呢？他在不同的角度上遇到困难的性质和大小可能是完全不同的。在 45°方向上你可能遇到一条高速公路，一马平川；在 90°方向上你可能遇到一座高山；而在 135°方向上，你可能遇到一条大河。这样，在不同的角度，你将拿出不同的时间和资源克服前进路上的这些困难，也意味着你在有限的时间内能走多远。所以，角度决定长度。

一、最佳的角度有利于避开阻力

角度选得好，就能够最大限度地避开前进道路上的困难。

真正的智慧在于事先规避风险，而不是临事克服困难。因为事先规避风险要容易得多，只要事先做一些充分的思考，而临事克服困难的难度则要大得多。所以，勇敢并不是鲁莽地去征服一切危险，而是事先就规避危险。

面对同样的机会，你切入的角度不同，你所遇到的困难一定也不同。面对同样的竞争，你切入的角度不同，你遇到的阻力也会不同。

有效的角度能够使你在尚未起步时就成功了一半。所以最佳的角度最省力。

二、最佳的角度能够高效突破阻力

这是角度的第二个作用。企业在竞争过程中总是会遇到大大小小不同的阻力。面对阻力，如果用平行的方式来推进，企业遇到的阻力就会成倍放大。而所谓突破，则是要求找到一个着力点向前冲刺，这样就有可能在这一单点形成强大的冲击力，从而突破竞争的防线。

道理很简单。角度有利于能量集中，这就是激光的效应。一旦实现了能量集中，就可以在一点上击穿钢板。这也是不对称竞争中弱势一方最有效的突破策略，可缩短努力实现成功的时间。

三、最佳的角度有利于实现聚焦

最佳的角度能够将一切运作的指向聚焦到相对单纯的目标上来，这样就能实现事半功倍的效果。首先，最佳的角度有利于将有限的资源聚焦到有限的目标人群上来；其次，有利于将有限的资源聚焦到产品的差异化上来。聚焦的差异针对聚焦的人群，总是能产生放大数倍的效果，目标人群可获得清晰的记忆。

在竞争中最容易犯的一个错误就是将有限的资源分散在众多的目标上。很多人总是喜欢做更大的事情，想获得更多人的认同，但喜欢同时做很多事的人往往都很少能取得成效。**成功不是由很多的"事情"带来的，而是由高效产出带来的**。所以分清做事和产出是两码事非常重要。最佳的角度能够将有限的资源聚焦到有限的市场目标上，是获得高效投入产出比的通行法则之一。

四、最佳的角度容易持久

创办一个企业并不难，难的是将一个企业做得持久，难的是将一件事情持之以恒地坚持下去。

世界上最伟大的成就总是坚持不懈的结果，而不是心血来潮的短暂收获。

这个世界上不缺企业，甚至不缺短暂的成功，缺的是能够坚持不懈地做下去的企业，缺的是持久的成功。这就是为什么企业家几乎都有一个梦想——做"百年老店"。

企业要想持久，就必须找到一个持久的方法。**而持久的方法必须是简单的，必须是最省力的。**因为只有最简单的才容易操作，最省力的才容易坚持，而最佳的角度恰恰是最省力的，而且是最简单的。那些成功的品牌无一不是找到最佳的角度，并且用最省力的方法获得了消费者认同。

管理的精髓就是要简单。因为简单所以常用，因为常用所以重用。

简单带来可操作性，复杂的东西几乎都是不可持久操作的。比如复杂的人际关系带来目标的混乱，复杂的管理体系带来效率的低下。然而，管理者常犯的错误就是，在一个简单的业务模式刚刚开始取得成功后不久，就开始把它变得复杂。结果，复杂性带来的成本上升及效率的下降，比其带来的好处要大得多。

科学管理实践表明，越是复杂的产品，越需要一个有简单结构的企业来营销。

简单带来效率，简单令人愉快，而令人愉快的东西才容易持久。最佳的角度恰恰提供了成功所必需的要素：最省力、最高效、最可行、最美好，所以也就最持久。

请记住：首先选择最佳角度，然后再出手。

24　角度实现产品的"与众不同"

> 成功的产品和不成功的产品之间运作的本质差异是：产品是否从某一角度凸显了"与众不同"，从而引起消费者的关注和信任。

"角度制胜"，而非"优胜劣汰"。

成功的产品和不成功产品之间真的有什么本质不同？难道那些品牌服装能穿，那些卖得不好的服装就不能穿？难道"海飞丝"能将头屑洗干净，其他洗发水就不能将头屑去除干净？

成功品牌的产品和不成功品牌的产品之间运作的本质差异是：成功的产品从某一角度凸显了它和其他产品的某一个差异，实现了产品的"与众不同"，从而引起消费者的关注和信任。它们在本质上不存在太大的优劣之分。

独特角度引起消费者对产品的关注。消费者关注了，产品才容易在众多的同类产品中被识别出来。

你也许会疑惑：有些产品在运作中也找到了类似的"差异"，为什么还没有成功？那是因为，仅仅有差异还不够，你还必须不断放大、不断重复这种"差异"。"差异"被不断地放大，才能引起消费者足够的关注；"差异"被不断地重复，才能使消费者"坚信"。

"放大"和"重复"的力量是无坚不摧的。

不少产品找到了差异，却放大得不够，重复得不够，导致只卖了半程的船票，靠不了岸！所以，"海飞丝"的"去头屑"一经传播就是几十年如一日，迄今不变，未来也不应该变！"沃尔沃"凸显"安全"的差异后，几十年不变，未来也不应该变！

没有角度就没有差异。消费者的购买决策就变得非常困难，消费者总是试图找出产品之间的差异，或找出他们自己认为的差异，因为消费者必须给自己找到决策的依据。

"特色凸显"等于"优点凸现"。

为什么"特色凸显"如此重要？

因为在消费者看来，"特色"往往代表"优点"，而且是优点的累加。这是消费者认知中一个非常有意思的特点。

比如，当沃尔沃宣传"安全"的特色差异性时，消费者理所当然地相信，安全的轿车一定是各方面性能都最优越的，安全一定是沃尔沃车很多技术优势累加而成的，于是消费者认为"安全"就等于"最优"。

同样，当宝马宣传"速度"的特色差异时，消费者也理所当然地相信速度最快的轿车一定是很多技术汇聚而成，于是消费者认为"最快"就等于"最好"。

同理，当飘柔宣传头发"飘逸"的时候，消费者也理所当然地相信，好的洗发水才能使头发飘逸，所以使头发飘逸的洗发水一定是好的洗发水。

很多人没能明白这一认知特点，拼命追求制造"品质"更好的产品，在实践中都事倍功半。

角度凸显产品的某一特点，凸显的特点产生的光芒使得产品熠熠生辉。凸显的特点迅速转化为产品优点，使产品在消费者心中神奇般地变得璀璨。

25　拒绝平行线

> 试图用成功者的经验取得同样的成功，其战略性
> 错误在于试图用追随者的身份和领先者并驾齐驱。要
> 想获得真正的成功，就要拒绝平行线！

拒绝平行线。

数学世界中的平行线是客观的，但是营销世界中并不存在成功的平行线。几乎没有企业能够按照成功者相似或相同的方法复制成功。每一个成功的企业实际上都是独特的，无论在企业战略上还是竞争手法上，都有其独特的角度。

以成功者为榜样，希望按照成功者的方法获得同样的成功，几乎没有先例。也就是说，希望走一条和成功者同样的路径，最后往往事与愿违。

关于管理榜样的书汗牛充栋。不仅写书的人、看书的人坚信走一条和成功者平行的路线就能成功，甚至那些成功者本身也认为他们的方法是可以被复制的。这些成功者到处宣传他们的成功之道，甚至著书立说，标榜他们的成功经验。他们到处给人指点迷津，似乎能够药到病除。于是，他们的周围聚集了一大批追随者和崇拜者。这些追随者研究并沿着成功者的轨迹前进，不少人甚至模仿那些成功者的举手投足和一颦一笑。

然而事实的真相总是让我们悲伤。全世界的企业家几乎都在学习美国通用，但迄今为止，没有成就第二个美国通用。全中国的企业几乎都在学习海尔，却没有成就第二个海尔。那些试图将自己的经验推而广之的成功者也在遭遇着一个又一个滑铁卢。

试图用成功者的经验取得同样的成功，其战略性错误在于试图用追随者的身份和领先者并驾齐驱。

实践表明：追随、模仿成功者的方法，只能实现短期的生存，无法带来长久的成功。要想获得真正的成功，就要拒绝平行线，就要具有自己与众不同的东西，就要在前进中具有自己的角度！

生物学原理告诉我们：**没有两个物种靠同一方式生存！**任何一个企业必须具有自己的成长基因！

为什么在中国学习的人数最多，为学习动用的资源也可能是世界最多，但拥有大品牌的企业数量却不够多？因为绝大多数人的学习还是模仿多些。

那么，你可能会反问，既然不能完全模仿或照抄成功者的方法，那人们为什么还要学习呢？

研究对手的打法就是为了不按那些方法打。

学习很重要，这一点谁都知道。但是如何学习，学了知识或经验之后到底该怎么办，这就不是每一个人都能弄明白的了。

很多企业提倡标杆管理，就是向那些成功的榜样学习，然而实践证明，这种学习方法几乎没有创造出一个像标杆一样成功的企业，其根本原因就在于学习没有学活，他们读死书、死读书，以致造成读书死的结果。

正确的学习方法是，了解别人已经成功的方法恰恰是为了不按那些方法打，这样你才能有成功的可能。

按别人的方法打至少有两大害处。

第一，以你的短处对抗别人的长处，恰恰是兵家大忌。**别人成功的方法一定是他的长处，而你没有成功说明这是你的短处。如果你按照对手的方法亦步亦趋，岂不是希望用你的短处和对手的长处作战。**你以榜样的方法来超越榜样，或者创造一个同样的榜样，就犹如在自己成功的方向前面立了一座大山。

第二，横向来看，你有众多的竞争对手，因为大家都在学习榜样的方法，学习榜样的大军蜂拥在那些传统的成功道路上，你进去之后岂不被淹没在滚滚人群之中？

所以从理论上看，无论是在你前进的前方，还是在前进的左右，都给你带来了几乎无法突破的阻力和障碍。

学习那些经典作战方法，目的就是避开那些传统打法。

在实践中，希望用榜样的方法创造另一个榜样的实践几乎没有带来任何一个成功的案例。全世界那么多企业都在学习韦尔奇的方法，但有哪一个企业成为美国通用了呢。相反，那些成功的企业，比如微软、百度、阿里巴巴、海尔、联想等，都是在学习别人的基础上实现了创新，找出了一套和 IBM、谷歌、美国通用、戴尔不同的方法。

用对手的方法和对手竞争无疑是一种最笨的营销方法，因为那不是你的长处，所谓创新就是不按对手的方法打，这才是正确的实践方法。

学习就是要弄清那些成功者真正成功的经验是什么，成功者的轨

迹究竟在哪里，然后避开他们的轨迹，不用对手的方法和对手打。这就是学习的真正价值。

不要走和对手平行的路线，你要有自己的角度。

26　构建品牌角度

> 改变不了产品本身，就改变看产品的角度。角度
> 不同，认知不同；认知不同，产品价值不同。恰如其
> 分的角度能够化平凡为神奇，变冰冷为温暖，将虚无
> 变成坚定的信念。这就是角度的神奇魅力。

角度不同，世界不同。

世界是什么？世界上的每一个人对世界的理解都是不同的。世界上没有任何两个人对这个世界的理解是完全一样的，就如同世界上没有两片相同的树叶一样。

如果问一下："你理解的世界是什么样子？"

有人认为这个世界是悲观的，有人则认为是乐观的；有人认为这个世界充满无限机会，有人则认为到处充斥着不公平；有人认为这个世界是前进的，有人则认为是倒退的；有人认为这个世界是时尚的，也有人认为是充满暴力的；有人认为这个世界上有取之不尽享用不完的荣华富贵，有人则认为这世界上哪怕挣一分钱都那么艰难；有人认为这个世界是残酷的，有人则认为这个世界是善良的；有人崇尚强权，有人喜欢平等……

为什么同样一个世界在每个人的心中却不一样呢？这是因为每一个人所处的社会环境、地位、文化、出身等都是不同的。每一个人看

待这个世界的角度都是不一样的。由于角度不同，他所感知的世界侧面不同，在心中所形成的世界也就不同。

所以，角度不同则世界不同。

谁不是从自己的角度来理解这个世界呢？谁不是从自己的目力所及来对这个世界下定义呢？所以任何人所理解的世界都是片面的。

没有真实的世界，没有完整的世界。因为没有任何一个人能够全方位地理解这个世界，也没有任何一个人能客观、全方位地向我们展示这个世界。

任何一种媒体，任何一个组织，不管它们多么强大，都是从不同的角度阐述它们心中的世界。

用什么样的心看世界，世界就是什么样。用欢喜的心看待世界，则世界处处欢愉美好；用悲观的心看世界，则人生悲苦无奈；用功利的心看世界，则世界充满自私和逐利；用烂漫的心看世界，则人生多姿多彩；用奋进的心看世界，则人生充满奇迹；用激愤的心看世界；则人生崎岖不平；用宽广的心看世界，则世界和谐共生……

有什么样的心，就有什么样的世界！如果我们来阐述世界，就带着爱、带着温暖、带着包容、带着平等、带着乐观吧！

同样的道理，这个世界也没有全方位真实的产品。任何一个产品在消费者心中都是片面的产品。所以要想获得消费者对一个产品的快速认知，企业必须找到一个角度来和消费者理解产品的角度相契合。契合得好，消费者就能简洁快速地理解产品，营销达成事半功倍。如果这个角度找得不对，你就可能吃力不讨好。如果你根本就不寻找阐述产品的角度，而是试图客观全方位地向消费者解释这个产品，那么营销就更没有效果。

从这个意义上讲，品牌世界没有真相，只有消费者认知。

达成消费者认知必须有角度。所以消费者心中的品牌实际上是对产品的某个角度的认知，而不是真正意义上的完整的产品认知。

同样，角度不同则产品不同。

比如，同样一套房子，有些人将它看成遮风挡雨的生存之所，有些人将它当成挣钱的载体，有些人将它当成馈赠的礼品，有些人将它当成传承的财富，有人则将它当成艺术品，也有人将它当成古董……不同的人角度不同，这栋房子也就不同。

产品营销的智慧就在于找到一个恰当的角度和这个角度上的消费者对接。

改变不了产品就改变看产品的角度。

营销理论告诉我们，企业应该生产市场上需求的产品。然而，绝大多数情况下，对于很多企业家和营销人员而言，这仅仅是一种奢望。他们不得不去销售企业能够生产出的产品。你几乎没有选择，在绝大多数情况下，你改变不了企业的产品。你必须把企业能够生产出的产品变成钱。

大家都知道飞机好卖，但是在企业还没制造出来飞机时，赞伯公司去帮助长城汽车公司营销皮卡车，去卖越野车，并且要找到将长城皮卡和越野车卖成中国第一的营销方法。长城汽车还真做到了，连续九年成为同类产品中国市场第一名。

大家也知道宝马汽车好卖，但是生产不出来啊！赞伯公司去卖企业现阶段能生产出来的电动自行车，帮助天津的民营企业卖电动自行车，并且把这样的企业产品卖成功。就像人生，谁不希望出生在富贵家庭，日子过得很舒服，但是不得不接受一个现实，就是大多数人都出生在普通的家庭，需要找到普通家庭中孩子的成长方法。

改变不了产品，那就改变对产品的看法！

改变看法，就是改变看产品的角度，角度不同则产品不同。

一件衣服，就是一件衣服，你改变不了这件衣服的物质属性。那么怎么办？改变看待这件衣服的角度。低层次的卖法是强调这件衣服的材质，强调生产工艺多么好。这是一种引导消费者看衣服的角度，是一种较低层次的卖法。稍微好一点的卖法，是卖颜色。你可以宣传"今年流行红裙子"。再高一点境界的卖法，连颜色也不卖，而是去卖穿上这件衣服的感觉，比如性感、简约、尊贵、烂漫等。同样一瓶酒，不会卖货的企业卖酒的口感和品质，稍好一点的卖法是卖瓶子，更高境界的卖法连瓶子也不卖，而是去卖一种喝酒的感觉，比如辉煌的成就感、人生的沧桑感等。

不少企业老总跟我讲："路老师，我做不出来跟别人完全不同的产品，做不大。你说怎么办？"

我说："如果你能够做出和别人完全不同的产品，产品放在大街上就有人抢了，还要什么营销？"

营销的本质就在于将同样的产品卖出不同来！这是营销的核心任务，是营销存在的本质意义！

世界上绝大多数同行业产品的基本功能和核心价值都是相同的，没有什么本质不同。

那些成功的品牌之所以成功，就在于它们能够把相同的产品卖出不同来！

大量企业的营销陷入价格漩涡不能自拔，利润越来越低，甚至没有利润，无法将企业做大或做长，其本质原因就是没能将同样的产品卖出不同来！

大量企业就成本拼成本，就价格拼价格，希望用广告投入拉动规模制约对手的做法，都没有真正引导中国企业永续成长，最终结果是：没有利润！

营销不是卖更好，不是卖优秀，是卖"不同"！

人类天生对"不同"感兴趣。只要能将产品卖出"不同"，就能获得消费者的快速"认知"。这是实现消费者认知的最有效方法。

问题在于，如何将产品卖出不同来？

这就是角度！改变看产品的角度就可以将同样的产品卖出不同。

有力的角度可以将虚无卖成坚定的信念，将坚固卖成飘逸，将冰冷卖成温暖，将坚硬卖成最脆弱的情感；恰如其分的角度可以将短卖成长，也可以将方卖成圆；恰当的角度可以化腐朽为神奇，化神奇为卓绝，化卓绝为珍稀。

恰当的角度可以将一个产品价值放大一倍，也可以放大一万倍！

角度的力量可以击穿人世间最坚硬的冷漠，也可以渗透进哪怕再细微的空间。

营销的伟大智慧之一就在于：改变不了产品本身，就改变看产品的角度！角度可以创造一切奇迹！

27 角度与反木桶理论

　　木桶理论告诉我们成功者要保持持续成功，不能有明显的短板。

　　对于那些尚未成功者，要想突破靠什么？绝对不是将自己变成一位"全能的人"，而是必须具有自己的角度。这就是"反木桶理论"。

"差异凸显"与"反木桶理论"。

很多企业管理者跟我探讨过"差异凸显"这一法则。他们往往被管理学中著名的"木桶理论"所困惑。"差异凸显"是不是与木桶理论相冲突呢？因为木桶理论教导我们要弥补短板。

事实上这些人混淆了这些理论的适用前提。

木桶理论告诉我们成功者要保持持续成功，不能有明显的短板。该理论认为木桶中能装多少水取决于最短的那块板。成功的人或企业要想持续成功，必须努力弥补短板的缺陷。

比如一位国家领导人，是一位已经成功的人，他要想持续地成功就必须成为全才，必须既懂政治又懂军事，既懂外交又懂经济。

木桶理论的适用前提，指的是那些已经成功的人。对于那些非成功者或是后来进取者，并不适用。

反木桶理论——后进者要有所突破，不能没有"致命"的"差异"。

对于那些尚未成功者，对于那些努力进取者，要想突破靠什么？绝对不是将自己变成一位"全能的人"，而是要将自己的某一长板发挥到极致。

一个人能不能在写作上有所突破，要看他能不能将他写作的长板发挥得足够长，而不在于这个人是否同时会解奥数题；刘翔能不能成为跑步冠军，在于他能否将两条腿奔跑的优势发挥到极致，跟他会不会弹钢琴有什么关系？

从这个角度而言，绝大多数人之所以付出巨大努力仍未能获得成功，就在于他们将人生的主要精力用在弥补不足，而不是用在发挥自己的特色"差异"上。

弥补不足最多使我们成为一位正常人，而很难成为一位成功者。正常人和成功者是两码事。

突破者必须有角度。

进取者要想成功，必须找到自己的优势，而不是试图把自己变得很完美。也就是说，后来者能不能成功的关键，在于是不是能有效地利用自己的优点，而不是克服缺点。

之所以要强调这一点，是因为**大部分的管理者总是致力于相反的方向，他们总是忙于克服弱点而并非发挥优势。**

在中国的教育上，这一点尤为明显。我们总是在帮助学生克服弱点，要求孩子哪一门课成绩不好就拼命地补哪一门课，几乎所有的选择题都是在四个选项里面选择一个正确答案。也就是说，考试卷给的信息四分之三都是错误的，好像在教育我们做一个只会甄别对错、不会犯错误的人。我们总是试图弥补孩子的弱点和不足，而不是试图发挥孩子的某一优点。

弥补缺陷和不足真的能实现突破？在实践中很少见这种成功的案例。比如，某个人两条腿不一样长，你将所有的精力用来将他的两条腿变得一样长，这叫弥补不足，关注缺点，即使最后你真的将他的两条腿弄得一样长，他最多成为一个走路正常的人。

一个正常人和一位成功者完全是两码事。

正确的方法应该是在治疗腿的同时，关注他的优点。我们看他在哪一方面有特长，然后将资源投放在他的优点上，这样他就有可能成为音乐家或者数学家，不仅能成为一名正常人，还能成为一名成功者。

虽然利用优点发挥优势通常不容易做到，但这个要求非常有效。应用这个原则不一定能百分百成功，但一旦做到优势与任务相匹配，最佳业绩就会很容易出现。可以肯定的是，**最佳业绩只会出现在优势的方面，而不会出现在弱点上。**

一个人只要他很有运动天赋，我们就应该将所有的资源集中在他运动天赋的发挥上，即使他的音乐水平很差，也不影响最后成为运动健将。同样，一个人即使拥有残缺的身躯，也不一定影响他大脑智慧的发挥。霍金成为伟大的天体物理学家，他的家人在给他治疗身体的同时，将更多的精力用在激发他大脑的智慧，也就是利用优点上。

克服弱点并不意味着就会产生优点，尽管很多人都这样认为。

不幸的是，在日常经营管理工作中，人们也总是习惯于纠缠在缺点上。当人们评价同事或评价某一企业时，看到的往往是这个人的缺点或这个企业的不足，而不是这个人的优点或这个企业的优点。

一旦忽视利用优点的原则，造成的管理失误没有任何东西可以弥补。这恰恰是企业管理中最大的误区。

在营销竞争中，后来进取者的有效策略是找到足以成功的优势，而不是试图将自己变成一个完美的企业。

问题在于，实际操作中到哪去找“优势”呢？如果确实没有“优势”怎么办呢？其实，**消费者眼中的“优势”往往就是营销中的“特色差异”。这就是差异凸显实现品牌认知的道理所在。这也正是品牌运作的奇妙之处。**

28   八大角度构建"品牌价值"

> 从哪些角度来构建品牌价值呢？理论上可以说有无数的角度。在实践中至少可以从八个角度构建品牌价值。

角度之一：从原材料角度凸显品牌价值。

任何有形的产品都是由材料组成的。强调材料的品质总是能带来对产品品质的信任。因为常识告诉人们，材料的品质直接影响产品最终的品质。

在这个思想的指导下，中国宛西中药厂通过一句"药材好，药才好"的宣传，使得宛西制药这个历史不长且原本默默无闻的企业在中国中药界声名鹊起，以"仲景"牌六味地黄丸为代表的系列中药产品迅速被消费者认可，成为中国著名的中药品牌！

从原材料角度构建品牌价值的策略可以延伸到原料的产地上。因为好的原材料往往出自一些独特的产地，消费者认为好产地出好产品。所谓一方水土养一方人。比如，辣酱的品牌多源自产辣椒、食辣椒的区域，因为消费者认为四川、贵州、湖南等这些地方出好辣椒，所以才可能出好的辣椒制品。如果有一瓶辣酱产自上海，消费者往往会产生怀疑。醋要凸显山西、镇江这些传统产醋区域，因为消费者认为醋的质量和那个地方的水质有关；好的阿胶应该出自东阿县，因为消费者认为东阿水很独特，用东阿水熬制的阿胶才是上品的阿胶，否则只能叫"驴胶"；同样，好的葡萄酒产自法国，好的皮革出自意大利。

好牛奶宣传的"大草原"，"依云"的来自"阿尔卑斯山脉矿泉水"，这些宣传都是通过"产地好"表达"原料好"的品牌差异！

河水的好坏总与河床土质的好坏相关。原材料的好坏总是与产地的气候、环境、人文等独特性联系到一起。

所以，几乎所有成功的品牌都会强调它的产地。产地好意味着原材料品质优异。法国在这方面做得尤为突出。比如，白兰地是蒸馏后的高度葡萄酒，以法国干邑地区最为著名。法国人规定，只有干邑地区的白兰地才能叫干邑。为此，法国这个小小的干邑地区成就了白兰地的四大金刚品牌：轩尼诗、马爹利、人头马和拿破仑。每年干邑地区所生产的一亿多瓶白兰地，这四大品牌就占了七成左右。

而苏格兰人则宣传苏格兰优质的麦芽和谷物原料，作为其威士忌品牌的背后支撑。他们将苏格兰的纯净、睿智、丰饶、别致融合在一起，打造出世界上无数人视作生命的、最让人沉醉的芝华士威士忌。为此，芝华士品牌不遗余力地宣传那里鲜美的空气、天然的泉水、适宜的气候。

角度之二：生产过程凸显品牌价值。

产品的生产过程对消费者而言往往是黑洞，是神秘而充满诱惑的。消费者看到结果的同时，希望了解产品的生产过程。适当地展示生产过程，凸显生产过程中的一些亮点会引发消费者的好感。

好的生产过程能够让人放心并产生安全感和信赖感，因为消费者认为生产过程的好坏是产品质量好坏的一个关键因素。

没有人相信不好的过程能带来好的结果。所以，生产过程所展示的认真之美和细节之美总是能拉近消费者和冷冰冰的产品之间的距离。当消费者了解到生产过程中被倾注了"认真、责任和爱"的时候，在消费者的心中，这个产品就具有了内在的温度。

比如，汽车的装备过程对消费者而言是神秘而复杂的。但如果你能展示出一两个让消费者容易理解的生产细节，消费者都会为此而感动。

比如劳斯莱斯不遗余力地传播这样一个令人惊奇的过程：制作一辆四门车要2个月。劳斯莱斯车头散热器的隔栅部件完全靠技术工人的手和眼来安装，不需要借助任何工具，一个工人要花费整整一天的时间来完成，然后又要用去5个小时对隔栅进行打磨加工。劳斯莱斯甚至传播这样的细节：车头上小巧玲珑的飞天女神像车标也要经过多道工艺。首先采用传统的手工蜡磨工艺，再采用手工倒模压制成型，接着用手工打磨至少8遍，将打磨好的飞天女神像放进混合打磨的机器里研磨64分钟，最后通过严格的检验才算合格，这个车标才算完成。为了让人们相信这些工艺，劳斯莱斯告诉消费者，他们许多工人的工龄都在30年以上。他们娴熟地掌握了祖传的造车技术，并在实践中不断地加以改进，所以每个工人都掌握了日臻完善的工艺技术。这些生产过程的阐述让你感受到每一辆车都是伟大工匠的杰作。

过程之美不仅指生产的具体工艺过程，同时也指设计和思考过程。所以劳斯莱斯凸显它的设计理念和其他品牌截然不同。例如，为了让乘客以优雅的姿势下车，劳斯莱斯的车门是向后打开的。此类过程的细节使得它被公认为世界上最好的汽车。宾利、奔驰、宝马，无不以它们生产制作过程的精湛细节来凸显其产品的与众不同。

兰蔻"瑰宝香水"是这样制作成功的：当五月的玫瑰花盛开在田间和山坡时，必须在 36 小时内被采摘下来，而且只能由美丽的采花女郎一朵一朵地采，绝对不能让花有一点点破损。采下来的玫瑰必须被洗干净，但不是水洗，而是用一种特殊的液化气在特殊的容器里配以一定的压力来洗，4 个小时后玫瑰花变成了深红色的蜡状物，在酒精和其他催化剂的作用下，蜡被滤除，酒精则用真空的方法蒸发掉，留下的便是玫瑰香精。大约 2 吨新鲜的玫瑰花才可得到大约 1 千克香精。再用这种珍贵的香精配以水和酒精，还有其他近百种成分经过调香师精心调制才配成一瓶这样的香水。

你说这样的液体你会嫌它贵吗？在这样的宣传面前，即便强势的女人也可能会在这瓶香水面前绽放出内心的柔媚。

过程展示的精湛之美、繁琐之美、奢侈之美凸显了品牌的价值和稀有性。这几乎是那些成功品牌，尤其是奢侈品牌不二的品牌角度。

角度之三：从产品功效或利益角度凸显品牌价值。

任何一个产品的功效往往是综合的而不是单一的，凸显其中的某一功效往往能得到事半功倍的效果。只要找到其中一点和消费者心中的某一种潜在需求进行有效的对接，就能让消费者有"这个产品是为我所制造"的感觉。

比如，轿车的基本功能是代步，把你从一个地方拉到另一个地方，但同时轿车还必须使人在乘坐的过程中感受到舒适和快乐，让人感觉到安全，让人觉得有面子等，所以轿车必须具备综合性功能。如果我们跟消费者宣传这些整体功能，虽然很能打动消费者，但这辆车却没有个性。有效的品牌运作思路是凸显或强化某一种功能。比如，奔驰宣传尊贵，它是从乘车人的精神感受来凸显它的功能差异的，所以它强调奔驰是汽车中的贵族，是乘车人地位与身份的象征，它实际上强调的是"后座位"。而宝马则强调速度。所以，它宣传驾驶的乐趣。宝马凸显的是超强动力给人马力强劲的速度之感，所以它有一句广告语"听，风声"！宝马卖的是"前座位"；而沃尔沃强调的是安全，它卖的是整体车况。

同样是手表，不会卖表的，仅仅是卖它的准确性，会卖表的"劳力士"卖的是尊贵和尖端科技的结合；"百达翡丽"在卖它持久的价值，卖的是一块"代代相传的表"，而且会不断增值，卖的是传承；而"伯爵"则将表和珠宝进行结合，卖的是计时的珠宝；"欧米茄"表则通过奥运营销中的精确计时获得奥林匹克的荣誉勋章，同时渲染它是人类第一次登上月球也是唯一在月球上佩戴的手表，凸显它卓越的精确计时功能。

你还可以将产品的普通功能进行升级。比如，中国人熟悉的"吗丁啉胃动力"的概念就是将胃药中的"胃肠蠕动"这些基本功能进行升级。近年来，"王老吉"凉茶这一饮品凸显的是清火功效；"脉动"这瓶饮料在中国的火爆，主要归功于凸显补充维生素这一功能差异上。

从功能差异角度来塑造品牌的典范，在快销行业里首推宝洁公司。它用这个策略在中国日化行业市场赢得大量份额。它用去头屑的功能差异塑造了海飞丝，用营养头发的功能差异塑造了潘婷，用柔顺的功能塑造了飘柔。

角度之四：从感性的角度构建品牌价值。

人类和动物的一个不同之处在于，人类具有极其丰富的感情。人类在购买产品的同时不仅仅购买一个冷冰冰的有形的实物，往往还希望能同时购买到这件实物所代表的情感。那么，就在冷冰冰的产品上附加人类的某种感情吧。这就是品牌建立背后的最伟大的角度之一。世界上不少伟大的品牌背后的支撑点都是感性的力量。

感性统治理性，无形统治有形，软件统治硬件。这就是品牌背后最伟大的人类法则之一。

品牌运作的高手总会充分地利用这一法则。这也正是品牌世界让人眼花缭乱的原因所在。

一块砖头冷冰冰的，没有情感。天下的砖头大致都一样，并没有本质的区别，无非是用来砌房子的，卖不出特别的价钱。但如果我告诉你，这块砖头将是你们家房子的一部分，将给你们家带来温暖，将和你一起见证和感受你们全家的喜怒哀乐。那么，这块砖头是不是变得有温度、有灵性、有感情了？

那些世界级品牌很善于用感性将芸芸众生掌控于股掌之间。

"香奈儿"诉诸简洁和浪漫。香奈儿香水那句广告语——"我每天只穿香奈儿睡觉"充满性感和想象。

"范思哲"干脆就用希腊神话中的蛇发女妖作为它品牌的标志，它代表着致命吸引力。她的美貌迷惑人心，使见到她的人即刻化为石头。范思哲始终都在追求这种美的震慑力，**不论是它的服装或香水，总是凸显这种濒临毁灭的强烈的感性张力**。说到底就是一句话，范思哲这个品牌一直凸显"惊世骇俗的性感与华丽"。

"普拉达"所展示的气质令人产生带有宗教色彩般的膜拜心理。它展现的是宁静而优雅的贵族骄傲。它所追求的是"简约到极致"的优雅。

"雅诗兰黛"走的则是与"普拉达"相反的路线。她宣传的是"最奢华的娇宠"这一女人最易感动的自怜自爱。它将极致奢华演绎得淋漓尽致。它鼓励女性善待并娇宠自己的肌肤，提出了令人惊叹的奢华护肤理念：女人有一张脸就要用心地呵护它，因为再美丽的华服也不可能天天穿着，再昂贵的珠宝也无法日日佩戴，只有精致完美的肌肤才是女人永不离身的爱。因此女性花在肌肤上的投资无论多奢侈都是绝对必要的。它树立了一种截然不同的品位风格——"极致的奢华"。

"阿玛尼"则在"时空的轮回中将优雅进行到底"。它宣传"阿玛尼"既不过分前卫，也永远不会落伍的这种感觉。它在优雅和时尚之间完美地拿捏着平衡。阿玛尼的几个具有代表性的基本款式一直保持这样的调性，让任何一个穿阿玛尼的人都能感觉到衣服和身体之间无比贴切的舒适，如同第二层皮肤。

这也是为什么中国出口一个集装箱的服装只能换回来一件"阿玛尼"的道理。**不少中国企业卖的是生产的成本，而"阿玛尼"卖的是穿上这件衣服的感觉。**

"卡尔·克莱恩"则将牛仔裤演绎成"美至极简处是一场可以期待的艳遇"，将它演绎成美国成衣的典范，是性感、简约、时尚的代名词。

而那些男人青睐的品牌也无一例外地用感性驾御了天下成功的男人。

"大卫·杜夫"将一个来自瑞士的雪茄演绎成"男人神赐的第十一根手指"，将它演绎成成功人士的一种生活方式。

朗姆酒"百加得"则将一瓶酒演绎成冰火交织的奇妙感觉世界，

每喝一口百加得都会给你带来美好的幻觉。

"万宝龙"笔则用豪华、豪迈的外观加上精致的品质将这支笔演绎成书写的艺术品。

"尊尼获加"则将一瓶酒演绎成"款步而行的英伦绅士",而"轩尼诗"则将这瓶白兰地演绎成高贵的神秘之水。

这就是品牌背后的感性。它将服装卖成态度,将化妆品卖成性感,将酒卖成燃烧生命的男人之水,将代步工具卖成一种感觉,将一支笔卖成艺术和气质等。这就是品牌的力量,这些力量不是来自产品具体的材料,而是来自人类的感性演绎。

人类本质上是感性动物。人类一切喜怒哀乐都是感性的表达。人类为感性驱使也为感性困扰,所以任何感性的东西都能打动人类敏感的心灵。

营销中将具体产品与感性对接,就使得产品在消费者眼中变得与众不同,这就是品牌背后的感性驱动原理。

绝大多数情况下,消费者都是在感性力量的驱使下完成购买决策的!

消费者真正的购买理由往往是"我就喜欢",是感性决策。但消费者自身并未意识到这一点,往往认为自己的购买行为是经过深思熟虑的理性结果。但调研的结果显示,消费者认为的"理性"本质上却是感性!

问:"你为什么最终选购这款产品?"

答曰:"我经过对比啊!我发现这款适合我。"

问："为什么你觉得这款适合你呢？"

消费者在绕了一大圈后回答："因为我就喜欢啊！"

"我就喜欢"本质上是感性的。

一般而言，消费者很难具备产品专家的全面知识，同时也很少有充裕的时间对产品的所有性能做全面评估，所以消费者最后往往用"感觉"来结束一切！

这就是为什么可口可乐诉诸"快乐与激情"，人头马酒诉诸"人头马一开，好运自然来"的原因。

这就是为什么你问绝大多数人"为什么和他结婚"时，他们往往回答"因为我爱他啊"。

理性产生推导，感性产生行动。

产品一旦被赋予了感性的力量，这种力量就使产品变得与众不同。

角度之五：历史凸显品牌价值。

任何真正成功的国家、企业、产品或是个人，都必须经历一段时间的检验。所以凸显企业或产品的历史总是能给人信赖感，使使用的人产生自豪感。

历史代表着成功经历的时间和空间，任何成功都必须具备时间和空间两个架构。

历史意味着你经历过岁月的沧桑，意味着你在艰辛路途中付出的坚韧和勇气。所以优秀的历史让人尊敬。任何没有经历过较长时间检验的事物都称不上真正的成功。

历史代表着品质的积淀，历史代表着风雨中走过的路径，历史代表着坚韧的程度，历史代表着获得的承认和信赖。

你可以强调历史的长度，也可以凸显历史的宽度；你可以将历史具体化，也可以将历史神秘化。这就是为什么所有真正成功的品牌几乎都追溯其历史的原因。

"路易·威登"创立于1854年。它一直不停地宣传它一流的品质源自100多年辉煌的历史；而"酩悦香槟"在宣传这瓶"上帝恩赐的欢愉之水"时，一定会带上它的创始时间1743年；"芝柏"这只表在渲染它的极致工艺的同时也一直不停地讲它是一个拥有200年工艺的老厂，是世界上硕果仅存的古老的制表厂之一，让你感受到每一块芝柏表都是传统制表工艺的艺术结晶，早已超越了时间的界限。"娇兰"这一瓶从帝王之水开始的奢华传奇也从不会忘记跟你讲述1853年娇兰创始人被拿破仑三世皇后亲点为御用香水专家的历史；"朗万"也一直在宣传它是巴黎最古老的时装品牌，用100多年的历史向人们证明它优雅精致的艺术风格。

历史代表着品牌的根。有根的东西才有未来。所以，只要有历史，企业就要不断地凸显企业历史的深度。

几乎所有优秀者都展示自己的历史！

过去塑造现在，现在塑造未来！

割断历史就是浪费资源！

角度之六：用身份地位构建品牌价值。

人的血肉之躯本质上都是一样的。每一个器官的功能也都是一样的。每个人都是用鼻子来呼吸，用眼睛来看世界。没有人用鼻子来吃饭，用眼睛来呼吸。然而，人类的奇妙之处又总是希望自己与众不同。这个与众不同的至高境界就是高人一等。

怎么样才能表示你与众不同呢？怎么样才能表现出你是贵族呢？通过怎样的外在表达让人一目了然，知道你的显赫身份呢？

人类一定要通过各种外在的东西表明自己是成功者。于是品牌的作用就派上用场了。更确切地说，**标注等级的品牌就是为了服务成功人士自我展示的需要而诞生的。**

成功的内在必须通过非凡的外表表现出来。从这个角度讲，没有外在就没有内在。所以，要想有一个非凡的内在，就必须有一个非凡的外表装饰。品牌就可以满足人类的这个欲望。所以，伯瓷酒店作为世界上唯一的七星级酒店，将入住的每一位客人衬托成"感觉上的帝王"。当劳斯莱斯宣称它是"独一无二的王者"的时候，就注定了拥有这款车的人"高人一等"。无论你是否喜欢劳斯莱斯老气的造型，它终究是身份与地位的象征。

而当"迈巴赫"轿车品牌向世界展示"王者归来"的姿态时，这款轿车无疑成了乘车者王者身份的象征，没有人会认为从"迈巴赫"车里出来的家伙是普通人。"派克"笔则渲染"架在手指间的贵族气"，因为使用派克笔的人意味着成功、荣耀和显赫的成就。

在服装界，"古驰"品牌用来自佛罗伦萨的艺术风情，演绎出时尚而不失高雅的品牌风格，以"身份和财富的象征"的品牌形象成为富有的上流社会的宠儿。

"迪奥"用法国时装文化的最高精神，淋漓尽致地表现了富有的现代女性的追求——性感自信、激情活力、时尚魅惑，给女人带来精神愉悦的华丽风格，对女性心理产生了革命性的影响。"迪奥"采用高级华丽的设计路线、上流社会成熟女性的审美情调，配上法国特有的浪漫情怀，展示出女人婀娜多姿的曲线美。女人们意乱神迷，在这样的品牌面前不能自已。

不管是香奈儿的贵妇气息，还是迪奥的几分俏丽，还是圣罗兰打破性别的界限，它们有一个共同点，拥有"欧洲高贵感"。

成功的品牌，尤其是奢侈品牌，不管其展现的个性多么不同，它们都不遗余力、自始至终地追求使用者高人一等的身份彰显。

只要人类消费的，不管是有形的还是无形的产品均分等级。也就是说，吃、喝、玩、乐，衣、食、住、行均分等级。就连同一飞机里的空间也分等级，分为头等舱、公务舱和经济舱。人类连短暂的空中飞行时间内也不忘分个等级，尽管头等舱和经济舱同时落地。

等级——构建品牌力量的一个支撑点。

只要让成功者满足展示高人一等的愿望，他们就愿意为标注高人一等的产品多付钱。

当一瓶酒取名为"21响皇家礼炮"的时候，这瓶酒已经和世界顶级成功对接了。这瓶酒的价格也应该是世界顶级的价格，因为它给人带来了世界顶级的成功感受。

总而言之，身份和自我表现是成功人士的渴望。它是人类生存需求被满足之后的更高层次的自我表达。

追求成功，渴望被他人认同和赞美，是人类前进的重要动力之一！

当企业将某一产品注入"成功"的感性诉求后，就使这个产品成为成功的外在表达！其他人很容易通过某个人消费的产品，一眼看出来这个人是否成功。"成功标记"的产品是获得了身份的自我表达！

这就是为什么几乎所有的奢侈品都诉求"成功"这一核心主线的道理，只是不同品牌表达成功的语言不同罢了。

社会身份越高、越成功的人就越希望消费的产品"与众不同"，价格越"昂贵"！

在营销中，你既可以直接表达你的产品"世间稀有""价值连城"，也可以间接地和大家都公认的成功者或成功事件对接。

角度之七：梦想固化构建品牌价值。

人类有各种各样的梦想，其中有一种梦想就是渴望某些东西永恒，比如永生、永恒浪漫的爱情、永远不变的友谊等。然而，现实世界是不存在真正永远不变的东西的。人类的痛苦就在于越得不到的，就越渴望。

人类世界永远处在变化之中，哪有永恒的东西呢。怎么办呢？可以将人类这种遥不可及的渴望附加在一个具体产品上，让这种渴望变得可以触摸、可以拥有，不就满足人类这个梦想了吗？

比如，人类渴望永恒的爱情，那就把这种永恒的信念附加到一块小石头上吧，当然要选择好看又耐久的石块，这就是钻石品牌的诞生，才有了"钻石恒久远，一颗永流传"的广告语打动无数情侣。因为石头的寿命总比一个人的寿命长，买钻石的人心中终于获得了安慰：即使我死了，未来这颗钻石还在，它是爱情的见证！

人类渴望永生，所以才出现了古今中外不少帝王将相到处寻觅长生不老药方的悲壮探索，现代人类也希望借助科技的力量实现寿命的延长。但是人类清楚长生不老不太可能，那怎么办呢？可以将一个产品和生命的传承连接到一起，让人类觉得即使自己死后也有人记得自己，这才有了大量品牌营销"传承"的道理。

人类还有各种各样的梦想，比如男人渴望具有动物般的野性，人类渴望征服，人类梦想速度等，那么就在产品上赋予这些梦想吧！

几乎所有的男人内心都有一个梦想，成为英雄。英雄就是要有力量，就要驾驭而不是被别人所驾驭，就要成为穿越时空的自由之剑，但现实世界中男人又不太容易成为英雄，那怎么办呢？

"哈雷—戴维森"这款承载着英雄梦想的摩托车来了！带着英雄特有的冷峻而神圣的表情，它自由而迅捷，如青松般遗世而孑立，似灵鹫般翱翔而自由，像猎豹般迅捷而冷峻。它告诉你，它不是为所有人，而是只为能驾驭它的人而存在。如果你是英雄，如果你勇敢，如果你自认有足够驾驭的能力，那来吧！开上哈雷征服全世界吧！哈雷让驾驭它的人骄傲，让驾驭它的人傲视宇宙，让驾驭它的人体验征服的快感。它将机器和人性融为一体，使驾驭它的人对它产生宗教般的虔诚和初恋般的激情。它是哈雷车迷心中的"麦加"！

女人的梦想之一是永远美丽，美丽得光彩四溢，美丽得惊心动魄。

那么就用一个个"小瓶子"为女人制造幻觉吧。这是成功化妆品运作的必由之路，让拥有这些小魔瓶的女人们感觉到梦想成真！

成功品牌是善于为女人造梦的！

"兰蔻"给女人们制造了这样一个梦：只要你使用兰蔻，就能变成绝世公主。她刚刚醒来，从中世纪的古堡中走来，穿着几百年前最华美的纱裙，走到一群穿吊带背心女孩的中间，她的神情慵懒而迷离，她的气息古典而高贵，她不食人间烟火同时也令人难以靠近。

兰蔻用小瓶子上那朵风华绝代的玫瑰向世人传递来自法国优雅的艺术品位和简练的生活方式。哪个女人在这样的品牌面前能不动心？哪个女人不想把这样一瓶兰蔻香水抹在身上？哪个女人不想拥有这瓶香水，成为那个从古堡里走出的公主？哪怕这种幻觉只有一秒钟！这就是兰蔻，把一束玫瑰的清香凝结成一个品牌的情结。

每个女人都渴望时光不再溜走，让最美的年华永驻。那么"娇兰"来了。它告诉你，它是一瓶帝王之水，它是当日为法国皇后研制的化妆品，那个金箔蜂姿版本的小瓶里盛装的液体将改善肌肤松弛状态，让你变得如皇后般惊艳四座。它将让你真正理解"一寸光阴一寸金"的含义，让女人感受到高贵美丽的魅力！这就是"娇兰"给女人打造的梦。

角度之八：服务构建品牌力。

由于竞争激烈，任何产品的营销都需要对客户或消费者提供或多或少的服务，根本不需要服务的行业几乎不存在，所以从服务的角度构建品牌力，往往能起到事半功倍的效果。

服务不好或服务的表现不好，都会使消费者怀疑他所购买产品的品质。比如，如果餐厅服务员的手指是脏的，你就不会相信他端上来的饭菜是干净的；如果一位医生在给你看病时心不在焉，你一定怀疑他开出的药方的有效性；如果化妆品的售货员皮肤粗糙，消费者就很难相信其出售的化妆品的质量；如果快递人员蓬头垢面，你有理由怀疑这家快递公司能否及时准确地将你的文件送达客户手中。

有一次我乘飞机从北京到上海，当飞机上升到 9000 米高空时，坐在我旁边的老人家很紧张。我问她要不要找乘务员帮忙，她说："我担心这飞机会掉下去。"说得我心中一凛："你是不是发现了什么？"老太太说："坐垫这么脏的飞机会安全吗？"她接着说："你看看，这些服务员的衣服袖口油亮亮的。他们连衣服都洗不干净，这飞机会安全吗？"

在消费者看来，你连一个飞机的坐垫都搞不干净，连自己的衣服都洗不干净，你怎么能把发动机搞好？

消费者的担忧，来源于服务人员、服务设施或服务细节没有搞好。

一些中国本土银行不在服务的具体细节上下功夫，却在电视上一掷千金地打广告，这从营销角度讲是极其不明智的！

比如，一个服务型企业的服务人员态度烦躁，甚至傲慢，这个企业不去提升服务细节的质量，却打出"用心服务"的口号，消费者会认同吗？一个银行的营业员连回答顾客的基本问题时都敷衍了事，却打出"××银行在某地成功上市"的广告，除了表现你财大气粗的暴发户形象外，能让消费者有多少正面认知呢？

竞争的日益激烈，使得那些生产有形产品的企业也高度重视服务。优秀的企业家会通过服务提升企业品牌！

用真诚的服务沟通消费者的心，消费者就会被感动！良好的服务给用户放心消费的感觉！尤其那些价格较高、技术含量较高的产品！好的售后服务赋予了消费者一颗"定心丸"，消费者会这样进行购买决策："即使产品存在点什么问题，厂家也会帮助解决的，买这个品牌踏实！"

　　所以服务往往带来非同寻常的品牌力量。因为消费者的"服务"需求是具有深厚的中国文化内涵的。海尔在品牌塑造过程中就深刻地理解并成功地发挥了服务的文化力量。

　　海尔是如何通过服务提升品牌的？

　　我的一个朋友曾经买过海尔的一台小神龙洗衣机，就被感动得不得了。海尔免费把产品送到家，连一杯水都不喝你们家的，甚至都不踩脏你们家的地板。他们在你家地上铺一块地毯，以免弄脏你们家的地板。然后把买回来的洗衣机、水龙头安好，电源插好，当着你的面启动洗衣机，告诉你它的状态是良好的。

　　第二天，一个电话追过来，问你："你们昨天买去的海尔洗衣机工作还正常吗？有没有需要我们服务的？"你能不感动吗？朋友说："我妈都没那么关心过我。"

　　问题是，海尔的服务，为什么能如此地打动人？

　　海尔的服务之所以能打动人心，具有号召力，是和我国老百姓几千年来的生存状态紧密关联的。

　　在 1949 年新中国成立前，中国的老百姓在各种压迫、歧视、掠夺等不公正对待中艰难生存，他们很少得到真正的尊重，无论是中国古代历朝历代的官员，还是外国列强，都肆无忌惮地欺负过中国的普通老百姓。但是，人类需要被尊重的渴望是与生命同步而来的，这种渴望是永远不会消失的。

　　海尔的服务体系，本质上反映了中国人对独立人格的渴求和被人尊重的渴望。这也是海尔品牌的文化支撑力量！

五千年的中国文化是一块肥沃的大地，这里有你永远也汲取不尽的运作之力。

爱我们的中华文化吧！这是中国企业扎根于自己土地的真正力量所在！

然而，绝大多数中国企业没有理解提升服务的战略意义，尤其大量的服务型企业更是如此。这是制约中国服务行业发展的瓶颈。

除了从上述八大角度构建品牌价值外，你还可以从人类未来的命运这一角度实现品牌价值。因为历史、现实、未来构成人类的完整世界。人类关注自己未来的命运，人类关注与自己未来命运息息相关的事情，比如环保、疾病、和平、能源、宇宙等。所以，将企业或产品与人类未来的命运对接，强调企业或产品让人感动的责任和使命，将使消费者或客户因此更加认同企业的产品。比如"壳牌"诉求的"清洁能源"，"杜邦"强调的"科技创新"等。

你也可以从价值观角度构建品牌价值。价值观是指价值取向，亦即一个人、一个组织、一个民族或一个国家对"好坏对错"的评价标准。同样一件事，对一个民族的人是对的，对另一民族的人可能就是错的。价值观相同或相近的人容易聚到一起，这就是所谓的"物以类聚，人以群分"。比如，同一美学价值观的人容易互相认同，同一宗教信仰的人容易聚集在一起。将某一价值观和产品进行对接，就使产品拥有了被相同或相近价值观的消费者接受的通道。

品牌角度还有很多很多，在此不一一赘述。

从某种程度而言，能否找到恰当的角度对产品进行品牌价值的构建几乎决定了产品的命运！

品牌运作智慧的制高点恰恰在于能否构建"恰到好处的品牌价值"!

"恰到好处"至少要满足如下三个条件：是目标消费者（顾客）真正渴求和需要的，是和竞争者有效区分的，是企业资源能够传播的。

绝大多数不成功的企业不是因为产品本身有明显的硬伤，不是因为产品不如人，而是因为没能找到恰当的角度构建同质化产品的不同品牌价值。

商业案例七　　**集成灶引领家庭厨房革命**
　　　　　　　　——森歌集成灶的品牌建设

　　森歌，一个带有"歌声"的品牌名，给人以美妙动听的感觉，就像森林里传出的美妙歌声，也可以想象成森林在唱歌。森歌品牌的集成灶，就像森歌的名字一样，漂亮、精致、美好！

　　我第一次参观森歌集成灶的生产线时，就被它极具艺术感的工业设计所震撼。集成灶的表面金属涂层能和奔驰、迈巴赫的汽车涂层相媲美，让我发自内心地惊叹——这真的是像宾利一样精美的集成灶！

　　我和森歌品牌的缘分始于其创始人范德忠和赞伯公司的品牌营销合作。他说："在浙江的一个MBA品牌班听路老师讲课，特别认可路老师'要么唯一，要么第一'的理念。"

　　我初次见到的范德忠，是一个不苟言笑的"技术派"，乍看沉稳、安静，但一讲起产品品质、技术研发就滔滔不绝，一看就是对自己的技术和产品充满自信的实力派。

　　森歌能取得卓越的成就，是与他的技术、品质分不开的。凡是这种对自己的产品品质、技术有"迷之自信"的企业家往往能创造性地研发出一款具有颠覆性的产品，可以改变行业游戏规则。乔布斯、马斯克都属于这一类。

　　森歌都取得了哪些成就？森歌已经是国家高新技术企业，是集成灶标准起草单位。范德忠是 2020 年集成灶口碑领军人物，荣获中国燃气具 40 周年优秀企业家称号。森歌是中国集成灶领域集先行者、引领者、创新者于一体的优秀企业！

森歌取得这些成就除了其对品质的极致追求以外，它在品牌营销上也下了功夫。因为再好的产品也要解决消费者的认知问题，这是品牌营销工程。

范德忠是浙江嵊州人。2000 年他辞去安稳的国企工作，2004 年创办森歌电器，进入传统厨电行业。2010 年，他把传统厨具的生产线全部砍掉，进入集成灶细分赛道。该决定对于当时的范德忠而言并不容易，因为 2010 年前后，传统厨具的增长速度还很快，很多厂家靠着给大品牌做代工，日子也过得很好。集成灶是新产品。新产品往往前途未卜，所以，砍掉当时能赚钱的产品，专攻前途并不明朗的集成灶是需要远见和魄力的。

当时在嵊州，做生意首选厨具，因为嵊州厨具产量占全国的 30% 左右，被誉为"中国的厨具之都"。第一次看到集成灶，范德忠就意识到这是未来，因为和传统油烟机相比，集成灶是烟机、灶具的集成，不仅省空间，更重要的是它的吸烟效果有很大的提升。

继续做抽烟机，还是押注集成灶赛道？在十几年前，没有互联网和大数据的情况下，做出这种选择，更多的是依赖创始人的魄力和敏感的市场洞察力。在厨电行业摸爬滚打多年的范德忠恰恰具备这样的敏感性和胆量。他顶着众人不解的目光，砍掉所有传统产品，全身心投入到崭新的赛道。

这个决定，在今天来看，无疑是具有战略前瞻性的。什么叫企业家的能力？不是指吃苦耐劳，也不是看他是否足够勤奋，而是看他是不是有远见。"见得远，才能走得远。"如果只能看见眼前的一亩三分地，一生都会纠缠在鸡毛蒜皮里。范德忠是有战略远见的企业家。

经过几年的努力，森歌凭借优质的产品在市场上占有一席之地，但是模仿、跟随者蜂拥而至，进入集成灶的新企业如雨后春笋般不断涌现，数十家、数百家，高峰时达到数千家。很多小企业采取"模仿＋低价"的手段蚕食市场份额，对森歌这样的相对领先者构成了挑战。

范德忠就是在这样的背景下来北京商谈和赞伯的营销咨询合作，以寻求企业的破局之道。

赞伯团队接到森歌的品牌营销任务之后，做了集成灶品类的行业发展周期分析。只有了解行业发展周期，才能有效采取相应的策略和对手展开竞争。

一般来讲，**一个品类或一个行业的发展会经历 5 个阶段：萌芽期、导入期、成长期、成熟期、衰退期。赞伯团队最终采取相应的 5 大竞争策略，分别是同步培育、速度营销、标准营销、侧翼切割、伺机革命。**

经过分析之后赞伯团队发现，集成灶已经度过早期的萌芽期，进入了导入期。这个品类的增长速度已经达到 21%，是产生第一品牌的最佳时期。森歌应该当仁不让地争夺"集成灶第一品牌"的消费者认知。

争夺第一的认知是美好的愿望，也是一种需要实力支撑的竞争战略。那么，森歌有没有这样的实力呢？有。

2007 年，森歌已经成为集成灶的开创者。森歌生产的侧吸下排式集成灶，是真正意义上成熟的集成灶。当时它已经拥有了 20 余项集成灶专利，是这个领域非常难得的有技术积累的企业。

森歌是行业标准的制定者。2012 年，住房和城乡建设部出台的《集成灶标准》（CJ/T 386—2012），森歌是制定者之一。

森歌是完整产业链的缔造者。它与上海交大联合研发多项技术，自建设计工作室，自建模具加工中心，自建产品质检实验室，采用智能机器人设备进行智能生产制造。这是一个令人感动的企业！

凡是见过它的产品的消费者都会被它精致亮丽的外观，极致的艺术性工业设计和智能化的功能应用所震撼。

森歌理所应当地、当仁不让地争夺集成灶第一品牌，于是森歌的战略目标就是"中国集成灶第一品牌"，对外的诉求是"森歌集成灶，高端集成灶领导品牌"（见图 7-1）。

图 7-1　森歌集成灶品牌诉求

这句话是一面旗帜、一句宣誓、一个实力的展示。这句话奠定了森歌在集成灶领域的领先地位。

有了地位还不够，还要有差异化。为什么人们要用集成灶，不用大品牌的传统厨具呢？赞伯专家对森歌集成灶的产品进行了多方位的分析和评估，发现传统抽烟机与集成灶是两种不同的排烟方式。传统油烟机是向上抽油烟，油烟机的吸力再大，也有一部分油烟会被烹饪者吸入。一些医学研究报告表明，经常在厨房做饭的人，肺部疾病的发病率要远远高于很少做饭的人。森歌集成灶是把油烟向下抽，灶具产生的油烟没有机会到达烹饪者鼻孔的高度，所以集成灶的特点是"健康"！于是，"健康向上，油烟向下"的森歌广告语（见图7-2）就应运而生。

图7-2 森歌集成灶广告语

这句话有三个目的：第一，表达了集成灶产品最典型的油烟下排特征；第二，表达了森歌集成灶作为领导者的情怀；第三，传递了一个品牌的革命性理念和健康理念。这句话虽然是赞伯团队为森歌营销创作的，但不如说是为整个集成灶品类创作的，给消费者一个购买集成灶、不买普通油烟机的理由。

解决了集成灶与传统灶具的品类之争以后，还要解决第二个问题，即森歌集成灶与其他品牌集成灶的区别是什么。给消费者一个购买森歌集成灶、不买其他品牌集成灶的鲜明理由。这就要构建森歌集成灶的品质标准。

三流的企业卖价格，二流的企业卖品牌，一流的企业卖标准。

赞伯团队对森歌的集成灶进行了 360 度全方位的对比测试发现，森歌集成灶具有同品类企业无法企及的品质优势。它为了把厨房油烟吸得干净、吸得快速、吸得安静，为了烹饪者的健康，它的工艺设计和技术创新真的达到了令人惊讶的地步，比如说：

1．烟灶一键联动，0 秒排吸同步；

2．独创 8 度黄金角，吸尽锅边油烟；

3．全面进风涡轮，每分千转速吸；

4．专利重力虹吸，吸排重度油烟；

5．三段接力吸烟，杜绝油烟外散；

6．超低噪声电机，静音优于国标；

7．自动延时吸烟，吸尽厨房余烟；

8．应对意外熄火，吸排自动开启；

9．封闭防溢炉头，杜绝汤汁进入。

赞伯团队将这 9 大特点分别提炼成"9 大吸动力"，分别是即刻吸、贴近吸、全速吸、海量吸、接力吸、静音吸、延时吸、安全吸、洁净吸。

赞伯团队将这"9 大吸动力"进一步提炼升华，形成森歌的品质标准。这就是"9A 吸动力"。

赞伯团队用标准来构建森歌的品质竞争力，用"9A 吸动力"（见图 7-3）来构建消费者的一秒认同。这是营销非常高的境界。

图 7-3　森歌集成灶"9A 吸动力"

如果说，传统的抽油烟机是专业的、经典的，那么森歌集成灶的品牌则代表健康与时尚。这样就与传统集成灶在高度上区分开来。在传播过程中，森歌的创始人范德忠表现出一个优秀企业家在品牌建设上的投入魄力。企业找了邓超作为形象代言人，用邓超的时尚与健康形象来表达森歌品牌的健康与时尚。

那么，销售的广告语就通过邓超的口中说出："森歌集成灶，健康向上，油烟向下""森歌集成灶高端领导品牌""森歌集成灶，相信她喜欢"（见图 7-4）。这个"她"是谁呢？消费者一看就明白是他的老婆——孙俪。孙俪的影响力，无形中也助推了森歌的品牌传播。

图 7-4　森歌集成灶广告图

　　品牌抢占第一的认知制高点，营销塑造出品质的标准，这是森歌营销的两大利器。当然，森歌产品的品质更是企业在行业领先的撒手锏。

　　市场的布局，渠道的创新，线下线上两大渠道的协同使得森歌不仅在线下，在线上也都获得了强劲的增长。

　　近两年，许多著名的传统厨电也在加速布局集成灶品类。森歌如何与它们竞争？有一个形象的比喻，这场竞争就好像BBA（奔驰、宝马、奥迪）和BXL（比亚迪、小米、理想）的竞争，前者也做新能源，但后者胜在消费者的心智中比较强。另外一方面，头部传统家电企业也遭遇转型难的问题，所谓船大不好掉头。集成灶的规模尽管比传统厨电的规模小，但是集成灶代表的是未来、是方向，就如同新能源汽车一样。

附 录

赞伯公司独创的"三大营销理论"和"两大管理理念"

营销理论一　营销就是解决竞争
——将对手变得无关紧要

究竟什么导致成功？解决问题。

当看到古今中外那些伟大的人和伟大的事情时，我们常常有一个疑问，究竟是什么导致了这些了不起的成功？

我们可能有两种想法：一种是把这些成功归于天生的才能或者是难以复制的偶发性事件；另一种是把他们的成功归于他们的思维。

然而，当你仔细研究那些著名的人物，不管他是军事家、政治家、企业家、科学家，也不管它们是成功的企业、成功的组织或是成功的国家，你会发现一个令人吃惊的答案：**这些人或事的成功，实际上归功于他们能够有效地解决问题。**

丘吉尔也罢、拿破仑也罢、孙膑也罢、韦尔奇也罢，他们的成功归根结底是他们能够有效地解决问题。

也许你觉得惊讶，或不可思议，因为各种各样的信息都告诉你，他们的成功归功于那些伟大的战略、伟大的人格或与众不同的胆略。而事实上，他们中的有些人根本就不知道今天所谓的战略理论。他们中的一些人的人格缺陷也并没阻止他们成功。所谓的战略、策略、流程、系统，是后来人们总结出的辅助手段。其本质都是为了更好地解决问题。

策略也好，执行也罢，不能解决问题都是空谈。

人类所有的活动都是为了解决各种各样的问题。

比上面这个答案更让人惊讶的是：**不论什么样的问题，无论现实条件如何，总能找到基于现实的解决方案。**

天下之事，有矛就有盾，有锁就有钥匙。只要找对了钥匙，没有开不了的锁。

可惜的是，很多时候人们不是把精力放在寻求钥匙上，而是用来论证这把钥匙并不存在，或者用来强调自己没有足够的资源去获得它。

很多解决方法在没有人发现它们时似乎它们根本不存在，然而解决方案出来之后，你也许认为事情本该如此。

《田忌赛马》的故事千古流传。田忌的每一匹马都不如人，可是孙膑并没有要求田忌投入更多、更好的马匹。他只是重新组合了现有的资源就取得了比赛的胜利。

有这样那样的问题，缺乏这样那样的条件，但是无论如何，一定会有一个完美的解决方案。

真正的解决方法，完全是可以立足于现有条件的。

真正的解决方法一定简单而不复杂。

当我在实践中，为公牛插座找到一个"安全"的支点，将"公牛插座"转换成"公牛安全插座"时；当赞伯团队建议把经销商转成配送商，把二级商定义成客户时，这不是在故弄玄虚，也不是要为变革而变革，而是基于现实条件找到的解决方案。这样就能把一个插座卖出几十个亿！

可口可乐把自己由卖药品改成卖快乐，百事可乐把自己定位成"新一代的选择"，麦当劳把自己由卖汉堡定义成卖美国文化，都是找到了最适合它们生意的解决方案。

看过本书介绍的这些成功案例后，您可能就会同意：**无论您拿到的牌多么糟糕，解决方法是一定有的，而且是有效的。**

这不是让您鸵鸟式地自欺欺人，也不是让您阿Q式地盲目乐观，而是告诉您客观存在的规律。

在中国做企业认清这个理念尤其重要，因为我们经常是弱小的一方、资源不够的一方。

只有彻底接受了这个理念，企业才不会花哪怕一点时间和精力去寻找借口，而是把全部资源用在探求那条必定存在的道路上。

什么是管理呢？

其实**管理的关键就是解决问题。**

社会是一个"问题的组合体"，企业是"永远有问题的单位"。市场是"问题的连锁体"。

企业管理就是解决问题，而营销是解决竞争问题。

如果问题得不到解决，你根本无法越过问题达成目标。所以达成目标的根本手段就是解决问题。

任何事情都能通过找到建立在现实基础上的解决方法来获得成功。企业的任务就是找到这个方法，然后去实施解决问题的方案。

没有哪一个企业强大到不能被挑战，也没有哪一个企业弱小到不能去竞争。

我在帮助鲁花花生油进行品牌提升时，在策划长寿花玉米油的上市方案时，就通过建立营销支点，有效地改变和强大对手的对比，使对手的强不再那么强，自己的弱不再那么弱，从而实现另一种可能。

再比如，当你的整体资源处在弱势的情况下，你可以把这些资源集中到局部上。在这个局部上你将处在强大的位置上。

这就是为什么所有的商战都强调集中、集中、再集中的原则。

这也是为什么古往今来，成功的案例都有"忍耐"这个法则。

只要你活着，你坚韧地等待，总有机会等到"换气"这一瞬。

反之，即使是强者，他的解决方法也不可以肆无忌惮。

比如，鲁花公司在中国是花生油市场的领先者。竞争对手一方面模仿和跟进它行之有效的模式，一方面又层出不穷地推出价格战。

虽然在中国"鲁花"的实力在行业中是最强的，完全有能力进行价格战，但是，它能这样做吗？

不能。

如果这样做，在打击竞争对手的情况下，它自己的利润会下降，整个行业会被拖入价格战的恶性漩涡，消费者无法得到长时间的有效服务。

如果价格战无休止地进行下去，对企业、消费者和社会来说，都是"输"的结果。

狮子和羚羊的竞争，最后将整个草原毁灭！

所以，即使行业老大，它的解决方案也不是想怎么干就怎么干的。

在这样的情况下，鲁花不是盲目地参与价格战，而是一方面强化自己的优点和长处、提供产品的多样性和保障质量，进行品牌树立和品牌隔断，另一方面利用竞争压力，强化内功、优化流程、开发客户的管理系统。在这同时，它利用自己在产业中的领导地位大力营造适合自己的生态环境，努力使整个产业价值链上的每一个环节都提供给客户更多的方便和合作。

鲁花的解决方案使它与竞争对手都获得长足的发展时，也稳固了在中国市场的地位。鲁花公司的解决方案不仅保护了自己，也保护了竞争对手，保护了整个行业。

这个行业老大的解决方案，是值得中国其他行业老大研究的。

在这里我无意赞美或批评某一个企业，只是借此来说明自己的体会。无论你是强者还是弱者，无论你在行业中处于什么位置，如果你要获得成功，你就必须学会去解决问题。

如果你想获得大的成功，你就必须找到对自己、对他人最有利的解决方法。

但是，现实中，为什么那么多人觉得寻找一个有效的解决方案那么难？

因为我们有不少的误区：将管理复杂化，将困难升级化，将直线立体化，将成功神秘化，其中最大的误区莫过于总是想用管理骆驼的方法去管理兔子。

只要走出这些误区，你就会和我一样坚信：基于现实条件的、简单易行的解决方案一定存在。

我们的任务就是找到它，解决问题，获取成功。

　　世界上的人可分为两种：一种是可以找到方法解决问题的人，另一种是找不到方法解决问题的人。好在任何一种人都可以通过学习和实践，成为解决问题的人。

营销理论二　　1/2 切割大营销
——将对手逼向一侧

伟大的营销、伟大的战略都是 1/2 切割，占领消费者大脑认知 50% 的市场。

世界是对立统一的，因此必有 1/2 切割，实现"非此即彼"，是获取最大市场份额的竞争主旨，而非西方的市场细分。

西方的市场细分只是告诉你为了苟且生存，去寻找越来越小的能立足的弹丸之地。1/2 切割就是让你成为"第一"或者"唯一"。只有在认知中获取 1/2，你才能在现实市场中获取 1/2 的成果。

不切割，必平庸；大切割，分一半。

如果你的产品在客户心智中没有独特的认知，那么就是同质化。同质化必然导致拼价格，一旦陷入价格漩涡就难以自拔。

切割是统治世界的隐秘的法则。组织、国家、民族、风景、文化、品牌、网络……既是切割的手段，也是切割的产物。

不切割，不独立；不切割，无价值；不切割，必依附。

伟大的切割是分一半，运用非此即彼的原理，将认知一分为二，引导消费者二选一。

切割而非细分，是将对手逼向一侧，是站在老大的对立面，切割 1/2 大脑认知，实现认知对立，价值相当。

细分是在做 N+1 件事情，比如市场有 100 种口味的饮料，那他做第 101 种口味，找一个小池塘做小池塘里的一条小鱼，实现生存，但是做不大。而 1/2 切割大营销则是将市场的产品价值认知一刀切割成对立的两个板块，非此即彼，是引导消费者二选一的强势竞争策略。

很多人会怀疑，是否有足够多的角度切割出对立的 1/2？这就要看你选择的角度了。如果你沿着地球的纬度线切，你将地球切成 1/2 的可能性只有一种，就是沿着赤道线切，除此之外，你的市场越切越小，直到成为南极和北极的极点。

但如果你沿着地球的经度线切，任何一刀切下去都是 1/2。所以，每个人都要坚信自己具备找到 1/2 切割的角度。

搞明白"非此即彼"中的它是谁，也就是现实市场中的第一是谁，即目前的"第一"是谁。你要想生存并获得强大，最佳策略不是站在"第一"的旁边，也不是站在"第一"的后面，甚至不是站在尾部之后，而是站在它的对立面。尽管他的体量是一只大象，你是一只蚂蚁，也要勇敢地站在它的对面。

1/2 切割大营销不仅是理论，也是企业参与竞争的解决方案。

切割对了，你的世界就对了！

切割营销就是重新创造了一种市场竞争的规则，站在强者的对立面重新定义价值认知的差异，从而重构了市场的格局，改变了力量对比，实现另外一种可能，成就你的"第一"或"唯一"。

营销理论三　　**品牌两极法则**

——要么"第一"，要么"唯一"

产品如果不是品牌，那就是杂牌。没有人会为一个杂牌产品多付一分钱。

产品是子弹，品牌是枪。没有枪，再好的子弹也发射不远。中国企业今天面临建设品牌的重要任务。

品牌是消费者在茫茫商品海洋中购买产品的指路明灯！品牌塑造了产品被购买的理由，定义了产品与众不同的价值。品牌能否建设成功，就在于企业能否在商海中搭建这座灯塔。

品牌灯塔是否有足够的力量取决两个要素——灯塔高度和光芒的色彩，这就是品牌背后的伟大两极：争夺高度，构建角度！这就是成功品牌运作的不二法门。

高度创造"第一"，角度构建"唯一"，做不了"第一"就做"唯一"。

如果不是"第一"或"唯一"，就随时会被别人复制或取代，就无法长久立足于市场。

首先是构建品牌"第一"的高度。

世上一切竞争的最终指向——争第一，这不仅是商业世界的竞争法则，也是所有体育竞技和军事战略的最高法则。所以，要全力以赴做"第一"。

品牌在消费者心中是分层级的，即你的品牌在消费者心中排第几。如果你的品牌在消费者心目中排第三，那么你被消费者选择的概率有多大？

好比一位小伙子追求一位姑娘。如果小伙子在姑娘心目中排在第三位，这个姑娘嫁给他的可能性有多大呢？社会学家和心理学家统计分析的结果表明，姑娘会把60％的可能性留给心中排第一位的小伙子，给第二位留下了30％，给第三位最多只有10％。第一位的成功率是第三位的六倍。这就是品牌高度的力量。

所以，品牌运作的所有指向就是提升其在消费者心目中的位次。位次越高，越能得到消费者的青睐。最高的位次就是第一，全力以赴争第一。

当品牌在消费者心智中处于较高的位置时，相对于较低位置的品牌，它所获得的竞争优势是巨大的，甚至是决定性的。

在竞争中，位次高者总是处在主动的地位。主动者总是容易调动一切资源，对竞争者展开攻击。而且它获得这些资源相对于低位次者来说付出的成本要低得多。也就是说，它处于掌控局面的位置，而那些处于低位次的品牌或者小品牌则处于被动应对的位置。

这就是高度的智慧与智慧的高度！这就是第一的力量与力量的第一！

如果做不了"第一"，怎么办？那就做"唯一"！

基本方法是这样的：从某一角度将产品的区别于其他产品的差异放大！放大！再放大！重复！重复！再重复！当这个差异被放大到一

定程度，就会在消费者心智中产生了质变，形成了产品的"唯一性"！

我们来看看那些著名品牌是如何通过恰当的角度来实现品牌认知的。

当消费者想到"海飞丝"这瓶洗发水，消费者想到什么？消费者想到的是"去头屑"。

难道你用别的洗发水洗头发不去头屑吗？实际上也是可以去头屑的。

但是，由于"海飞丝"总是在传播"去头屑，去头屑"。时间长了你就觉得"好像只有海飞丝去头屑"。"去头屑"和"海飞丝"已经牢牢地联系在一起了，并且已经在你的心智中形成清晰的认知。于是你有了头屑就想到去买"海飞丝"。逐渐就将"海飞丝"买"大"了。

消费者想到"飘柔"这瓶洗发水时想到了什么？想到了"柔顺"！

难道你用别的洗发水洗头发，头发立起来了吗？实际上头发也是柔顺。但是"飘柔"持续不断地传播"柔顺、柔顺"，于是你记住了"柔顺"。好像只有"飘柔"能让头发柔顺，于是你想要头发柔顺就去买"飘柔"，逐渐将"飘柔"买"大"了。

它们都是从不同角度来阐述产品，使得它们的产品在消费者心中与众不同，它们找到了恰当的角度实现了与消费者的对接。这些角度凸显了产品的与众不同，凸显了产品的价值。

角度不同，产品价值不同！

角度凸显与众不同。从某一角度凸显产品差异，并将这一差异放大、放大、再放大，重复、重复、再重复。当这一差异被放大和重复到一定程度，就在消费者心智中产生了质变，形成了产品认知的"唯一性"！

好像"去头屑"的洗发水就是"海飞丝"，好像安全的轿车就是"沃尔沃"，好像最除菌的香皂就是"舒肤佳"……

这就是角度的智慧与智慧的角度！

总结起来，竞争战略的最直接目标是争夺"第一"，但如果你实在做不了"第一"，就做"唯一"！只有"第一"和"唯一"两种情况具有关键竞争力。如果你是"第二""第三"，你就会随时被别人复制或被别人取代。

这就是品牌运作最大的诀窍：在看似不可能中建立可能，在看似平等的位置创造第一，在同质化中构建唯一。

这个策略让你尚未起步就走完了一半的成功之路！

管理理念一　　　**骆驼与兔子管理理念**
　　　　　　　　——拒绝用管理骆驼的方法管理兔子

　　一次，一位朋友很兴奋地拿一堆书给我，说这些书可以帮助中国的企业实现百年之梦。我一看都是大部头的西方企业管理书。

　　大致翻完之后，他迫切地问我的感觉如何。

　　"这些书没有多大用处。"

　　"什么？这可是正火遍全中国的书啊！"

　　这家伙目瞪口呆，甚至有些恼怒。

　　"这些书写的内容和中国的企业的运作有多大关系呢？"我反问道。

　　"怎么没有多大关系？你看里面的企业，哪一个不是我们应该学习的榜样？美国通用、IBM、苹果、亚马逊、微软、波音、雀巢、可口可乐……"

　　"这些企业很大，我们的多数企业很小。和它们相比，它们是骆驼，我们充其量是一只兔子。它们所谈的是管理骆驼的方法，和我们养活兔子的方法能完全一样吗？"

　　那些管理书籍所谈的企业都是世界上非常优秀的企业，这些公司已经足够大了。

中国的绝大多数企业在短期内都很难达到它们的规模。它们的经验尽管是有益的，但对目前的中国企业来说并没有太多的现实意义。

和那些企业相比，中国大多数企业只是一只兔子，甚至只是一只小鸟。套用管理骆驼的方法来管理兔子，无异于笑话。

它们谈的是成人的生活方式，是富人的生活方式，是如何活得更好的方法；而我们需要的是如何生存下来的方法，如何从生存到发展的方法。尤其是今天，我们处于极其复杂的经济环境中。

中国很多企业的总资产不到 10 亿美元，不到美国通用的百分之一（美国通用的总资产为 4000 多亿美元）。就规模而言，它们是不是一头骆驼，一只兔子？

中国非常成功的某食品企业，2023 年销售额约 40 亿美元，而同是食品企业的"雀巢"年销售额却高达 800 多亿美元。"雀巢"每年增长 5 个百分点，就是增长 40 亿美元。就规模而言，是不是一头骆驼，一只兔子？

这样的例子不胜枚举。

"华为"要真正成为世界级跨国企业，能用和苹果一样的方法吗？

中国的汽车工业能和奔驰走同样的竞争路径吗？

中国饮料企业的运作能套用世界跨国饮料巨头"前八年亏损"的市场运作策略吗？

中国线下商业零售店要与"沃尔玛"竞争，能用和"沃尔玛"一样的"全球采购系统"来形成成本竞争力吗？

肯定不是。

华为集团之所以成功，是因为它是中国跑得最快的兔子。任正非说："华为永远都是狼文化。"

如果不是像兔子一样先奔跑起来，在前进中不断完善自己，就不会有今天的华为、鲁花、淘宝、京东、伊利、娃哈哈等著名企业，就不会有今天中国市场的繁荣。

西方企业帝国是骆驼。**骆驼前进需要稳健。因为它的骨架大，不能跑得太快，太快就散架了，所以跨国企业谈战略管理、谈市场占有率、谈沟通。而兔子前进需要奔跑和灵活。中国企业要生存，需要速度和利润。**

牵骆驼，需要注重战略管理，方向不能出错，否则调整起来很费力，所以西方企业管理理论强调战略，强调沟通。

牵兔子，要求跑起来，速度是关键，速度是获胜的前提，所以在中国企业运作中，所谓战略管理、平等沟通管理远没有对西方跨国企业管理来得重要。

重速度、求利润，这是相对小规模企业的生存方法。这就是兔子的生存方法。

牵兔子就要让它撒开腿跑。如果我们牵着兔子，却花大量的时间研究战略，或片面追求市场占有率，或片面追求完美的产品等，只能是一种误解，使投入产出严重失衡，错失中国企业获胜的机会。

这就是为什么有些西方企业管理理论总让我们感觉远水难解近渴的原因。

就好比一个家伙站在游泳池的边上，对着水中的人不断地叫喊："这样做，这样做，这样做才完美……"可是，水中扑腾的人正被水呛得直打转，他艰难地爬上来："老师，你能不能先告诉我怎样在水中呼吸？"

先弄明白怎样呼吸，生存下来。这是游泳者最迫切需要的。

也许那位老师更擅长教授高级班，提升动作的完美性是他的拿手好戏，对水中呼吸这些"小玩意"不够重视或不屑一顾。但是，这些最基本的东西恰恰对游泳者是最重要的。

很多中国企业当前需要的不是如何从优秀到卓绝，不是如何卓绝下去，而是需要解决怎样从零到生存，从生存到发展的问题。

我们是兔子，需要快速跑起来。

同时，兔子必须一边跑，一边找到吃的，否则就会饿死。骆驼是可以七天不吃不喝的，因为它早有积蓄。这就是中国企业和跨国企业营销运作不同的原因。

牵兔子的方法，是不少中国企业在中国环境下有效获得成功的重要方法。

管理理念二　　章鱼商业模式

——同时构建多个"第一"的商业模式

章鱼商业模式，是指企业在庞大的市场（包括线上、线下市场）营销实践中，同时选择一个或多个局部区域（品类或者行业），在统一战略不同策略的指导下，通过同时聚焦运作，将这些区域塑造成市场的"第一"，从而构建渠道竞争中的多个真实第一，产生集体竞争力。像章鱼一样，在统一的中枢神经指挥下，多个吸盘同时发力，将目标有力地吸附住。

真正的高手，一出手就是一个"第一"，然后从一个"第一"走向另一个"第一"，从小"第一"走向大"第一"，从局部"第一"走向全局"第一"。

章鱼商业模式，既拥有"无穷自由度、高度协同性"，又拥有"强大再生力、刚柔瞬间转换力"。对中国企业营销来说，章鱼商业模式具有极强的开创性和实用性。

章鱼商业模式创造性地提出营销竞争智慧：主动"局部化"，整体才能"主动化"；"软"到极致，方能"硬"到极致。

章鱼商业模式的更大价值在于，教你同时构建多个"第一"。